Mi primer atlas del
MUNDO

Texto y asesoramiento Andrew Brooks
Consultoría de autenticidad Bianca Hezekiah
Edición Marie Greenwood, John Hort
Diseño Ann Cannings, Roohi Rais
Diseño de la cubierta Ann Cannings
Maquetación Dheeraj Singh, Syed Md Farhan
Edición de producción Dragana Puvacic
Control de producción Leanne Burke
Dirección editorial Sarah Larter

Ilustración de los mapas Jeongeun Park
Ilustración Maltings Partnership, Daniel Long
Edición sénior Gill Pitts, Cécile Landau
Edición del proyecto de arte Hoa Luc
Diseño Emma Hobson
Asistencia de diseño Rhea Gaughan
Cartografía Ed Merritt, Simon Mumford
Índice Helen Peters
Preproducción Dragana Puvacic
Producción Srijana Gurung
Edición ejecutiva Laura Gilbert
Edición ejecutiva de arte Diane Peyton Jones
Dirección de arte Martin Wilson
Dirección editorial Sarah Larter
Dirección de publicaciones Sophie Mitchell

De la edición en español:
Coordinación editorial Cristina Gómez de las Cortinas
Asistencia editorial y producción Eduard Sepúlveda

Servicios editoriales Tinta Simpàtica
Traducción Eva Jiménez Julià

Publicado originalmente en Gran Bretaña en 2016, 2023
por Dorling Kindersley Limited
DK, One Embassy Gardens, 8 Viaduct Gardens,
Londres, SW11 7BW
Parte de Penguin Random House

Copyright © 2016, 2023 Dorling Kindersley Limited.
© Traducción española: 2023 Dorling Kindersley Limited

Título original: *Children's Illustrated Atlas*
Primera edición: 2023

ISBN: 978-0-7440-8914-1

Impreso en Dubái

Para mentes curiosas
www.dkespañol.com

CONTENIDOS

4   Cómo leer los mapas
6   El mundo

8   **América del Norte**
10   América del Norte: el continente
12   Canadá y Alaska
14   Estados Unidos
16   México
18   América Central y el Caribe
20   *Climas*

22   **América del Sur**
24   América del Sur: el continente
26   Colombia, Venezuela y Perú
28   Brasil
30   Argentina y Chile
32   *Población*

34   **África**
36   África: el continente
38   Norte de África
40   Egipto, Etiopía y Kenia
42   Nigeria, Ghana y Costa de Marfil
44   Congo (CDR), Zambia y Zimbabue
46   Sudáfrica y Madagascar
48   *Maravillas naturales*

50 Europa

52 Europa: el continente

54 Norte de Europa

56 Islas Británicas

58 Francia

60 Países Bajos, Bélgica, Luxemburgo, Suiza y Austria

62 Alemania

64 España y Portugal

66 Italia

68 Europa central

70 Hungría, Croacia, Eslovenia y Ucrania

72 Rumanía y Bulgaria

74 Grecia

76 Rusia europea y países bálticos

78 *Ríos, lagos y montañas*

80 Asia

82 Asia: el continente

84 Rusia asiática y Kazajistán

86 Turquía

88 Siria, Líbano, Israel y Jordania

90 Irán, Irak y Arabia Saudí

92 Afganistán y Pakistán

94 India y Sri Lanka

96 Nepal, Bangladés y Myanmar

98 China y Mongolia

100 Corea del Norte y del Sur

102 Japón

104 Sudeste Asiático

106 *Lugares singulares*

108 Australasia y las regiones polares

110 Australasia: el continente

112 Australia

114 Nueva Zelanda

116 Antártida: el continente

118 El Ártico

120 *¿Sabes la respuesta?*

122 *Glosario*

124 *Índice*

128 *Agradecimientos*

CÓMO LEER LOS MAPAS

Un mapa es un dibujo que da una visión instantánea de un lugar. Los mapas de este libro muestran muchos de los ríos, montañas, bosques y ciudades de los países del mundo.

Símbolos gráficos
En el mapa de cada país encontrarás símbolos sobre agricultura y ganadería, industria, deportes y naturaleza. Consulta la leyenda para identificar cada símbolo.

Características distintivas
Las imágenes con texto destacan las características especiales de un país; lugares históricos, animales o naturaleza.

Capital
La capital del país la marca un contorno rojo.

Países limítrofes
En los bordes del mapa puedes ver todos los países fronterizos.

Bandera
En cada país puedes ver su bandera.

Historia y cultura
Estas fotografías muestran características históricas y culturales particulares del país.

Lugares de interés
Estas fotografías destacan una ciudad, edificio o paisaje, y muestran su ubicación en el mapa.

Productos
Fotografías de detalle de alimentos, bebidas y patrimonio del país.

Números de página
Los círculos tienen un color distinto para cada continente, así siempre sabes dónde estás.

FRANCIA

Francia se conoce por su gastronomía, sus vinos y sus atractivos paisajes. La mayoría de los franceses viven en zonas urbanas. Es un país industrializado que cuenta con una de las redes de ferrocarril más rápidas, el TGV. Las artes, como la pintura, y el deporte, sobre todo el ciclismo, son muy populares.

Nenúfares, Monet

Arte
Millones de personas visitan los museos franceses cada año para admirar las obras de artistas como Claude Monet o Auguste Rodin.

Castillos del Loira
El valle del Loira es famoso por sus 42 castillos o palacios. El castillo de Chenonceau se halla sobre una hilera de arcos que cruzan el río Cher.

Queso y vino
En Francia se elaboran más de 400 quesos. Cada zona tiene su propia variedad, desde quesos blandos, como el Camembert, hasta los duros e incluso los azules. También produce algunos de los mejores vinos del mundo. En el sur se cultiva girasol, de cuyas semillas se obtiene aceite.

Girasol

Queso Camembert

Uvas

REINO UNIDO

CANAL DE LA MANCHA

BÉLGICA

Eurotúnel

Lille

Calais

Lens

Memorial de Vimy

Reims

Este tapiz medieval muestra la historia de la conquista normanda de Inglaterra en 1066.

Tapiz de Bayeux

Rouen

Torre Eiffel

Sena

París

Se llega andando a la abadía y las casas de la isla durante la marea baja.

El Havre

Mont-Saint-Michel

Terminada en 1889, esta torre de hierro mide 324 m, incluida la antena que se añadió a la cúspide.

Unas 3000 enormes piedras colocadas en hileras forman este yacimiento de hace más de 5000 años.

Le Mans

Rennes

Orleans

Este es el mayor castillo del Loira y el más grandioso.

Dijon es famosa por la mostaza, que se fabricó por primera vez en 1856.

Alineamientos de Carnac

Nantes

Loira

Palacio de Chambord

FRANCIA

Estos volcanes entraron en erupción por última vez hace 6000 años.

Volcanes de Auvernia

MACIZO CENTRAL

OCÉANO ATLÁNTICO

Los humanos pintaron caballos y bisontes en las paredes de estas cuevas hace más de 17 000 años.

Cuevas de Lascaux

Los romanos construyeron el acueducto para transportar agua a través del río.

St. Étienne

Dordoña

Garona

Trufas del Périgord

Burdeos

Bonjour! ¡Hola!

Viaducto de Millau

Osos de Eslovenia se llevaron a los Pirineos tras morir el último oso local en 2006.

Estos hongos comestibles tienen un alto precio.

El puente más alto del mundo: mide 343 m; más alto que la Torre Eiffel.

Toulouse

Montpellier

Flamencos

Oso pardo

PIRINEOS

Perpiñán

ESPAÑA

ANDORRA

ESCALA
0   100 km

58

4

Idioma
Las burbujas te dicen «¡Hola!» o «¡Adiós!» en el principal idioma del país.

Escala
La escala indica el tamaño del país y las distancias entre los distintos puntos del mapa.

Ciudades
Los pueblos y ciudades están enmarcados con un contorno azul.

Ríos
Los grandes ríos se señalan en cada mapa.

Fronteras

Entre países
Las fronteras entre países están señaladas con una línea de guiones rojos.

En conflicto
Algunos países están en desacuerdo sobre sus fronteras. Estos límites se muestran con una línea de puntos.

Brújula
La brújula siempre apunta al norte (N), igual que el mapa; también muestra las direcciones sur (S), este (E) y oeste (O).

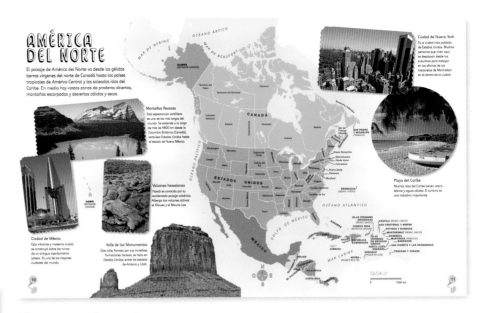

AMÉRICA DEL NORTE

El paisaje de América del Norte va desde las gélidas tierras vírgenes del norte de Canadá hasta los países tropicales de América Central y las soleadas islas del Caribe. En medio hay vastas zonas de praderas abiertas, montañas escarpadas y desiertos cálidos y secos.

Mapas continentales

Los mapas de los continentes tienen los diversos países pintados en distintos colores. Las fotografías muestran las principales características del continente.

Au revoir!
¡Adiós!

Estrasburgo

Mercadillo
En los pueblos y ciudades franceses se organizan semanalmente mercados al aire libre. En ellos se pueden comprar frutas y verduras frescas de explotaciones cercanas y productos locales, como queso.

Mercadillo francés

Cultura de los cafés
A los franceses les gusta reunirse con amigos en los cafés. Suelen desayunar un cruasán y un café. Las bebidas más populares son la cerveza, el vino y el champán.

Café

Cruasanes

Tour de Francia
La carrera ciclista más famosa del mundo dura tres semanas y pasa por los Alpes y los Pirineos antes de terminar en París.

Íbice alpino

LEYENDA

AGRICULTURA Y GANADERÍA
- Vino
- Girasoles
- Ganado vacuno
- Trigo
- Manzanas
- Queso
- Champán
- Marisco
- Cerdos

INDUSTRIA
- Energía nuclear
- Aeronáutica
- Pesca
- Coches

ACTIVIDADES
- Montañismo
- Esquí
- Ciclismo
- Surf

Niza

MÓNACO

Mónaco es una pequeña ciudad-Estado independiente de Francia.

TGV

Tolón

Costa Azul

Trenes de alta velocidad conectan las principales ciudades de Francia.

La costa sudeste es famosa por sus balnearios y por el Festival de Cine de Cannes.

los semisalvajes marismas de

Córcega

Napoleón Bonaparte nació en Córcega en 1769. Se convirtió en emperador de Francia en 1804 y murió en 1821.

59

MAR MEDITERRÁNEO

Estados independientes
Países pequeños como Mónaco aparecen con el borde y un punto rojos, y el nombre en mayúsculas.

Leyenda
Cada mapa tiene claves que destacan lo que produce cada país e identifican los símbolos del mapa.

Hábitats

Estos colores y símbolos muestran los diferentes hábitats o paisajes de cada país.

Desiertos cálidos
Zonas secas y arenosas con poca vegetación.

Desiertos fríos
Zonas secas con bajas temperaturas, como el Gobi, en Asia.

Hielo y nieve
Zonas heladas en lo alto de las montañas y cerca de los polos norte y sur.

Montañas
Zonas altas y escarpadas que suelen estar cubiertas de nieve.

Mares y océanos
El agua rodea los siete continentes.

Matorral
Zona con plantas y hierbas de baja altura, como en el sur de España.

Humedal
Zona pantanosa, como el Pantanal en Brasil.

Pradera
Llanura con hierba y pocos árboles, como la sabana de África.

Selva tropical
Zona cálida y húmeda, cerca de los trópicos, como en el Amazonas.

Bosques de hoja caduca
Los árboles pierden las hojas en otoño e invierno.

Bosques de hoja perenne
Los árboles, como los pinos, conservan siempre las hojas.

OCÉANO ÁRTICO

AMÉRICA DEL NORTE

OCÉANO ATLÁNTICO

América del Norte
Todo el continente se encuentra en la mitad norte (hemisferio) del planeta. Incluye Groenlandia, que está por encima del círculo polar ártico.

Ecuador
Esta línea imaginaria divide la Tierra por el centro en dos mitades iguales llamadas hemisferios norte y sur.

OCÉANO PACÍFICO

América del Sur
La mayor parte de este continente está en el hemisferio sur. América del Norte, Central y del Sur conforman el continente americano.

AMÉRICA DEL SUR

OCÉANO ATLÁNTICO

EL MUNDO

Un mapa es una representación plana de nuestro planeta esférico. La tierra, que ocupa un tercio de su superficie, está distribuida en siete grandes bloques, los continentes. El agua, dividida en cinco grandes áreas u océanos, cubre el resto.

Antártida
Es el más meridional de todos los continentes y está cubierto de hielo. Casi nadie vive en él.

OCÉANO ANTÁRTICO

6

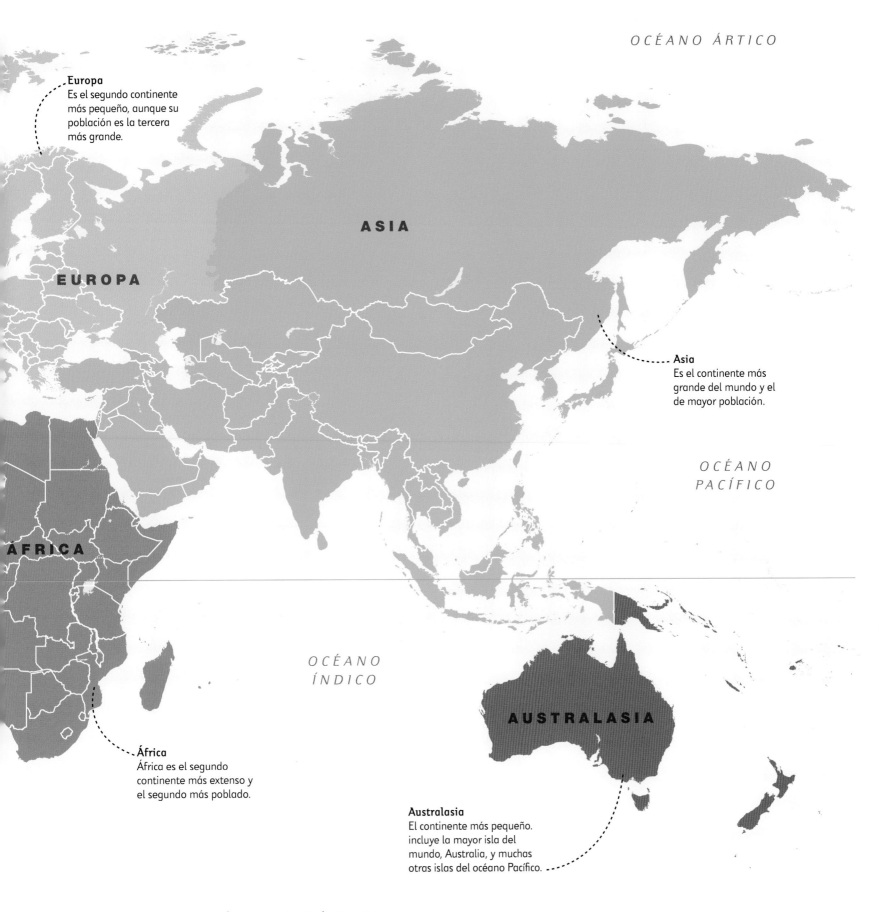

Europa
Es el segundo continente
más pequeño, aunque su
población es la tercera
más grande.

ASIA

EUROPA

Asia
Es el continente más
grande del mundo y el
de mayor población.

OCÉANO
PACÍFICO

ÁFRICA

OCÉANO
ÍNDICO

AUSTRALASIA

África
África es el segundo
continente más extenso y
el segundo más poblado.

Australasia
El continente más pequeño.
incluye la mayor isla del
mundo, Australia, y muchas
otras islas del océano Pacífico.

OCÉANO ANTÁRTICO

ANTÁRTIDA

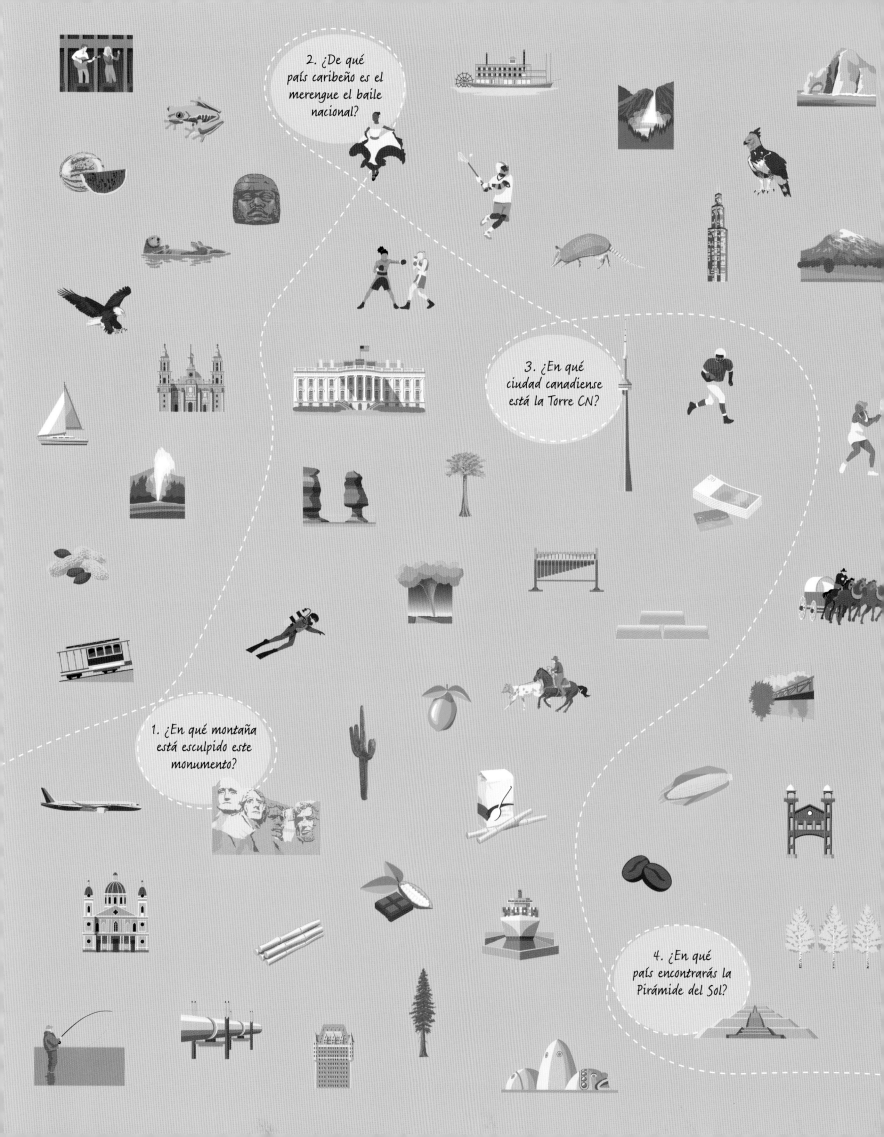

AMÉRICA DEL NORTE

Canadá, Estados Unidos, México, Centroamérica y las islas del Caribe conforman América del Norte. Este enorme continente fue el hogar de los nativos americanos antes de la llegada de los europeos y de gente de otras partes del mundo.

8. ¿Qué canal conecta los dos océanos más grandes del mundo?

7. ¿Cuál fue el primer pueblo en establecerse en el norte de Canadá?

6. ¿Qué río fluye por el Gran Cañón?

5. ¿En qué ciudad americana verás taxis amarillos?

Encontrarás todas las respuestas y más preguntas en las páginas 120-121.

AMÉRICA DEL NORTE

El paisaje de América del Norte va desde las gélidas tierras vírgenes del norte de Canadá hasta los países tropicales de América Central y las soleadas islas del Caribe. En medio hay vastas zonas de praderas abiertas, montañas escarpadas y desiertos cálidos y secos.

OCÉANO ÁRTICO

MAR DE BERING

MAR DE BEAUFO

ALASKA
(ESTADOS UNIDOS)

Territorio del Yukón

Territorios del N

Columbia Británica

Alberta

Washington

Mont

Oregón

Idaho

OCÉANO PACÍFICO

Montañas Rocosas

Esta espectacular cordillera es una de las más largas del mundo. Se extiende a lo largo de más de 4800 km desde la Columbia Británica (Canadá), atraviesa Estados Unidos hasta el estado de Nuevo México.

ESTADO

Nevada

Utah

California

Arizona

HAWÁI
(ESTADOS UNIDOS)

Volcanes hawaianos

Hawái es conocido por su accidentado paisaje volcánico. Alberga dos volcanes activos: el Kīlauea y el Mauna Loa.

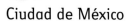

Ciudad de México

Esta vibrante y moderna ciudad se construyó sobre las ruinas de un antiguo asentamiento azteca. Es una de las mayores ciudades del mundo.

Valle de los Monumentos

Este valle, famoso por sus increíbles formaciones rocosas, se halla en Estados Unidos, entre los estados de Arizona y Utah.

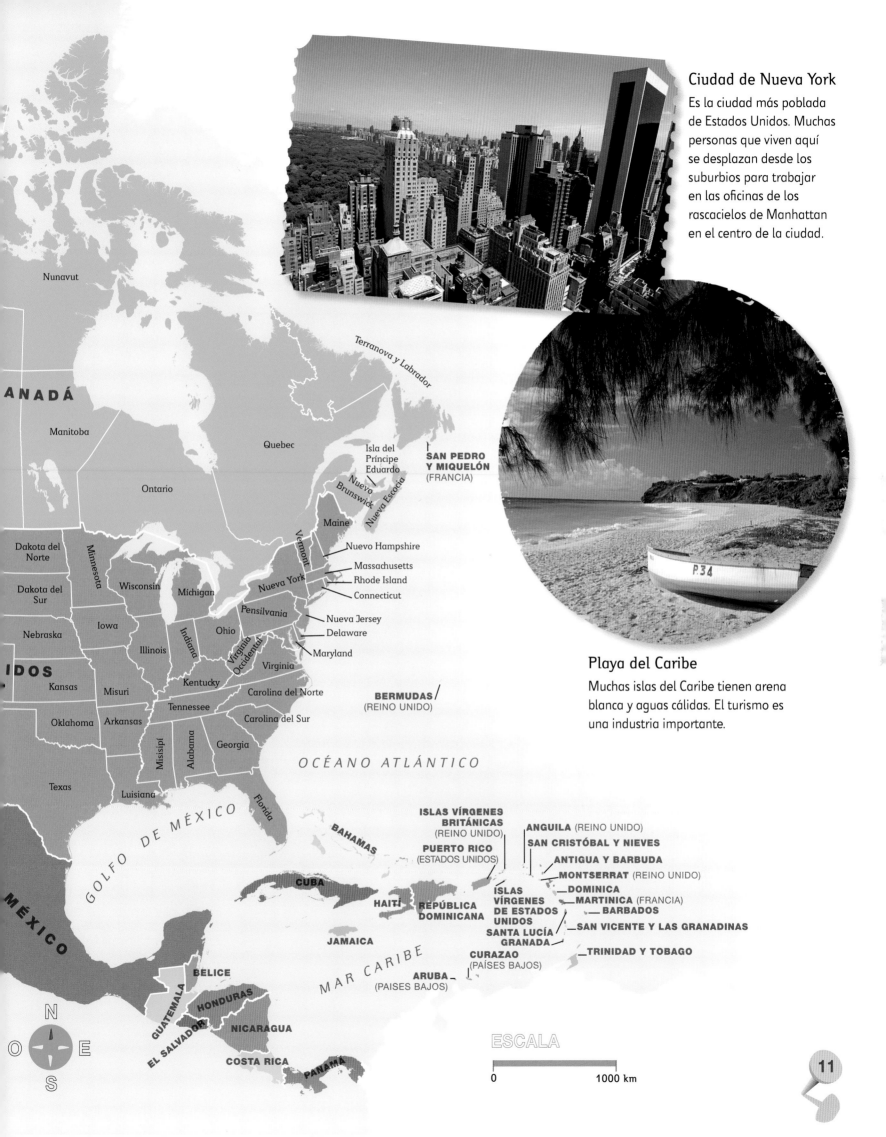

Ciudad de Nueva York

Es la ciudad más poblada de Estados Unidos. Muchas personas que viven aquí se desplazan desde los suburbios para trabajar en las oficinas de los rascacielos de Manhattan en el centro de la ciudad.

Playa del Caribe

Muchas islas del Caribe tienen arena blanca y aguas cálidas. El turismo es una industria importante.

Nunavut

CANADÁ

Manitoba

Quebec

Ontario

Terranova y Labrador

Isla del Príncipe Eduardo

Nuevo Brunswick

Nueva Escocia

SAN PEDRO Y MIQUELÓN (FRANCIA)

Maine

Vermont

Nuevo Hampshire

Massachusetts

Rhode Island

Connecticut

Dakota del Norte

Minnesota

Dakota del Sur

Wisconsin

Míchigan

Nueva York

Pensilvania

Nueva Jersey

Delaware

Maryland

Nebraska

Iowa

Illinois

Indiana

Ohio

Virginia Occidental

Virginia

UNIDOS

Kansas

Misuri

Kentucky

Carolina del Norte

BERMUDAS (REINO UNIDO)

Oklahoma

Arkansas

Tennessee

Carolina del Sur

Texas

Misisipi

Alabama

Georgia

Luisiana

Florida

OCÉANO ATLÁNTICO

GOLFO DE MÉXICO

MÉXICO

BAHAMAS

ISLAS VÍRGENES BRITÁNICAS (REINO UNIDO)

PUERTO RICO (ESTADOS UNIDOS)

ANGUILA (REINO UNIDO)

SAN CRISTÓBAL Y NIEVES

ANTIGUA Y BARBUDA

MONTSERRAT (REINO UNIDO)

CUBA

HAITÍ

REPÚBLICA DOMINICANA

ISLAS VÍRGENES DE ESTADOS UNIDOS

DOMINICA

MARTINICA (FRANCIA)

BARBADOS

SANTA LUCÍA

SAN VICENTE Y LAS GRANADINAS

GRANADA

TRINIDAD Y TOBAGO

JAMAICA

MAR CARIBE

CURAZAO (PAÍSES BAJOS)

BELICE

GUATEMALA

HONDURAS

ARUBA (PAISES BAJOS)

EL SALVADOR

NICARAGUA

COSTA RICA

PANAMÁ

N O E S

ESCALA

0   1000 km

CANADÁ Y ALASKA

Canadá es el segundo país más grande del mundo. Tiene enormes cordilleras, grandes superficies de bosques y bulliciosas ciudades. Es también un país rico en petróleo y recursos minerales, al igual que Alaska, el mayor estado de Estados Unidos.

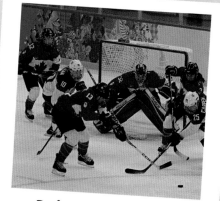

Defensa de la portería

Hockey sobre hielo

Es muy popular en Canadá. Se juega en pistas de hielo o en lagos congelados. Los equipos canadienses (femeninos y masculinos) son los que han ganado más medallas de oro olímpicas.

OCÉANO ÁRTICO

Oso pardo

Los osos pardos capturan los salmones que, en otoño, nadan y remontan los ríos de Alaska y el oeste de Canadá.

MAR DE BEAUFORT

El oleoducto Trans-Alaska transporta el petróleo a través de Alaska de norte a sur de la costa.

Oleoducto Trans-Alaska

Bahía Prudhoe

LEYENDA

AGRICULTURA

- Trigo
- Legumbres
- Maíz

INDUSTRIA

- Oro
- Carbón
- Plata
- Petróleo
- Madera
- Uranio
- Tecnología
- Aviones
- Gas
- Pesca
- Diamantes
- Aluminio
- Papel
- Coches

ACTIVIDADES

- Senderismo
- Esquí

Con 6190 m, el monte McKinley es el más alto de América del Norte.

Alaska (Estados Unidos)

Yukón

Los inuit fueron los primeros en asentarse en el norte de Canadá. Tocan tambores en celebraciones especiales.

Tamborileros inuit

Fairbanks

Mackenzie

Pesca con caña

Monte McKinley

Anchorage

Gran Lago del Oso

Los ríos de Alaska están llenos de truchas y otros peces.

Valdez

Yellowknife

Nutria marina

En la costa de Alaska hay nutrias marinas.

Whitehorse

La Policía Montada lleva chaqueta roja en ocasiones especiales.

Gran Lago del Esclavo

Juneau

MONTAÑAS ROCOSAS

CADENA COSTERA DEL PACÍFICO

Más de un millón de personas acuden cada julio a este festival de rodeo.

Policía Montada

Pelly

El baloncesto en silla de ruedas se juega en toda Norteamérica.

Estatuillas haida de madera

Estatuillas haida

OCÉANO PACÍFICO

Calgary Stampede

Edmonton

Baloncesto en silla de ruedas

Tótem

Los primeros pueblos de Canadá tallaban tótems de madera.

Curling

Parque Dinosaurio

Costa de Vancouver

Rodeada de naturaleza, Vancouver es una ciudad cosmopolita y atractiva que está entre los mejores lugares para vivir.

Victoria

Vancouver

Calgary

ESCALA

0   250 km

Primer pueblo

Los haida, que viven en la costa noroeste del Pacífico, fueron uno de los primeros pueblos en habitar Canadá antes de la llegada de los europeos. «Haida» significa «persona».

Este deporte se juega con piedras deslizantes sobre una placa de hielo.

En este parque se han encontrado fósiles de dinosaurio bien conservados.

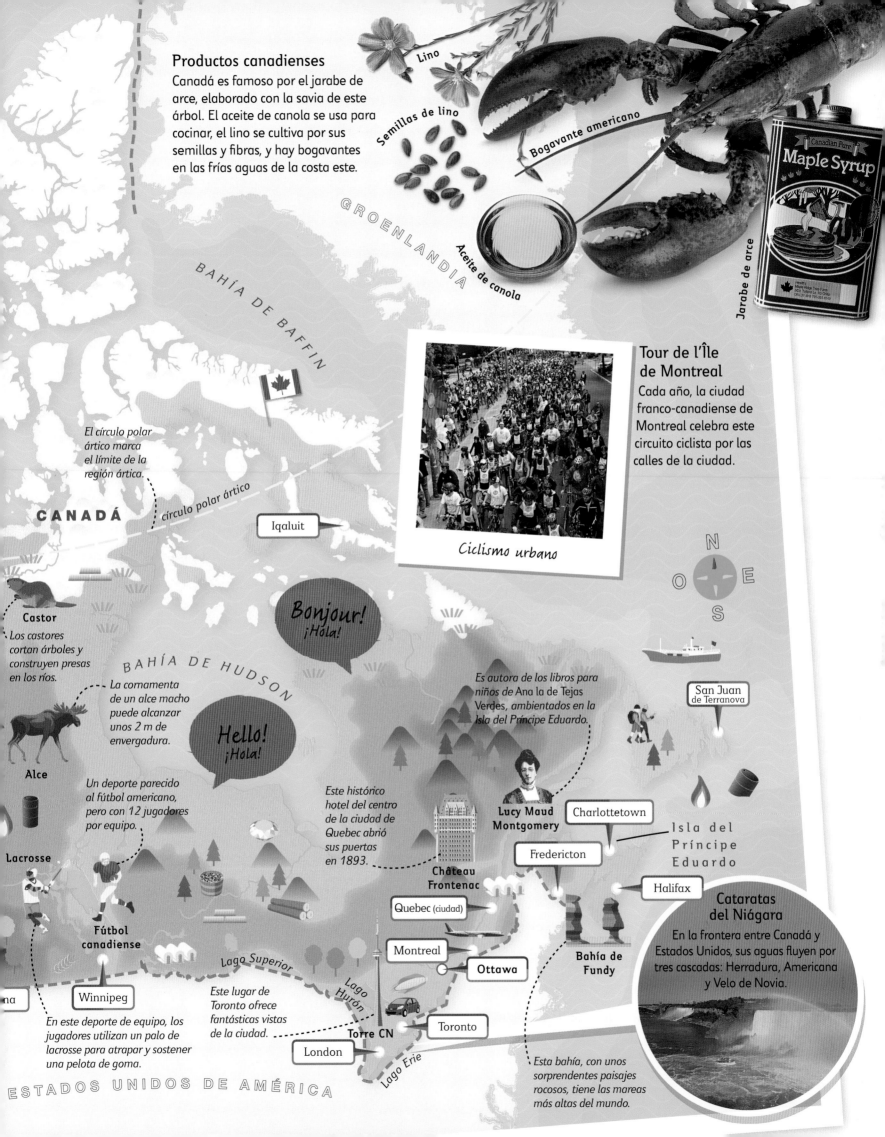

Productos canadienses

Canadá es famoso por el jarabe de arce, elaborado con la savia de este árbol. El aceite de canola se usa para cocinar, el lino se cultiva por sus semillas y fibras, y hay bogavantes en las frías aguas de la costa este.

Lino

Semillas de lino

Bogavante americano

Aceite de canola

Maple Syrup

Jarabe de arce

GROENLANDIA

BAHÍA DE BAFFIN

El círculo polar ártico marca el límite de la región ártica.

CANADÁ

círculo polar ártico

Iqaluit

Tour de l'Île de Montreal

Cada año, la ciudad franco-canadiense de Montreal celebra este circuito ciclista por las calles de la ciudad.

Ciclismo urbano

Castor
Los castores cortan árboles y construyen presas en los ríos.

Bonjour!
¡Hola!

BAHÍA DE HUDSON

La cornamenta de un alce macho puede alcanzar unos 2 m de envergadura.

Hello!
¡Hola!

Alce

Un deporte parecido al fútbol americano, pero con 12 jugadores por equipo.

Lacrosse

Es autora de los libros para niños de Ana la de Tejas Verdes, ambientados en la Isla del Príncipe Eduardo.

San Juan de Terranova

Lucy Maud Montgomery

Charlottetown

Este histórico hotel del centro de la ciudad de Quebec abrió sus puertas en 1893.

Fredericton

Isla del Príncipe Eduardo

Château Frontenac

Halifax

Cataratas del Niágara

En la frontera entre Canadá y Estados Unidos, sus aguas fluyen por tres cascadas: Herradura, Americana y Velo de Novia.

Fútbol canadiense

Quebec (ciudad)

Montreal

Ottawa

Bahía de Fundy

Lago Superior

Winnipeg

En este deporte de equipo, los jugadores utilizan un palo de lacrosse para atrapar y sostener una pelota de goma.

Este lugar de Toronto ofrece fantásticas vistas de la ciudad.

Lago Hurón

Torre CN

Toronto

London

Lago Erie

ESTADOS UNIDOS DE AMÉRICA

Esta bahía, con unos sorprendentes paisajes rocosos, tiene las mareas más altas del mundo.

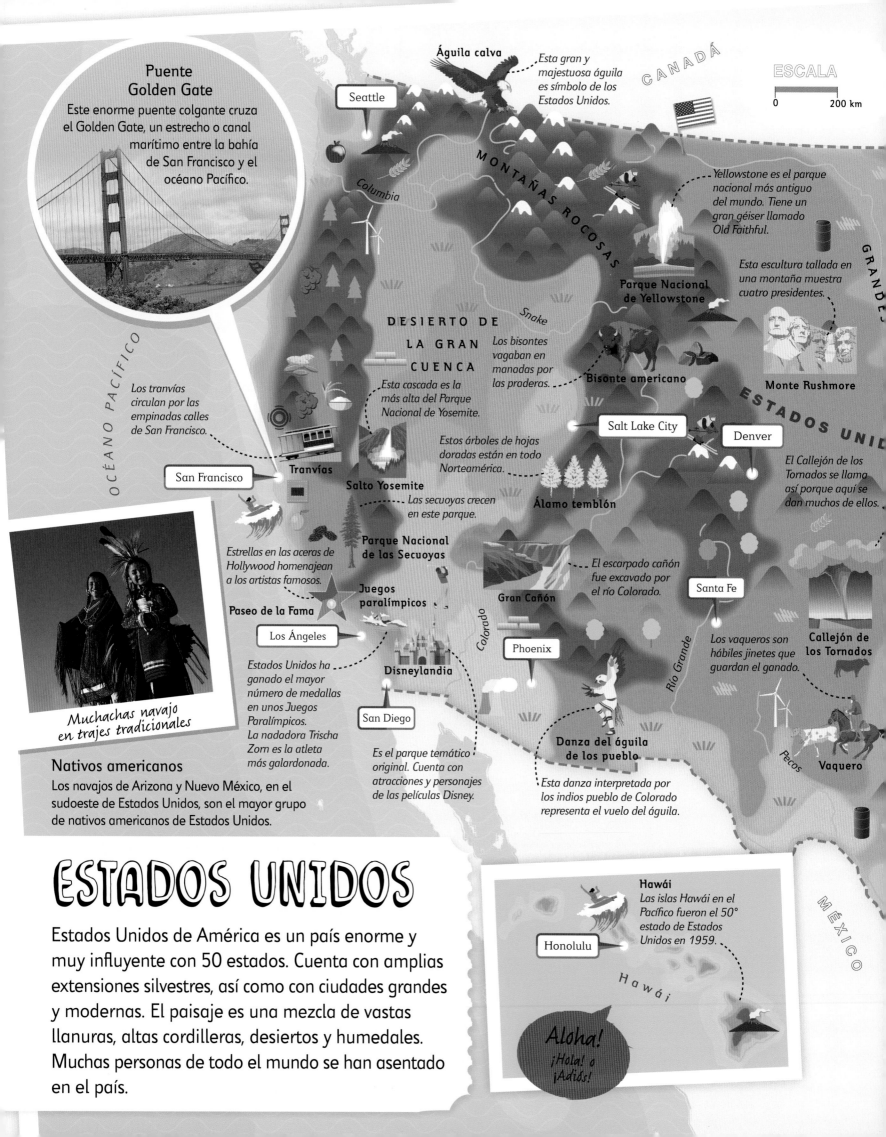

Puente Golden Gate

Este enorme puente colgante cruza el Golden Gate, un estrecho o canal marítimo entre la bahía de San Francisco y el océano Pacífico.

Águila calva

Esta gran y majestuosa águila es símbolo de los Estados Unidos.

CANADÁ

ESCALA

0   200 km

Seattle

MONTAÑAS ROCOSAS

Columbia

Yellowstone es el parque nacional más antiguo del mundo. Tiene un gran géiser llamado Old Faithful.

Parque Nacional de Yellowstone

Esta escultura tallada en una montaña muestra cuatro presidentes.

GRANDES

DESIERTO DE LA GRAN CUENCA

Snake

Los bisontes vagaban en manadas por las praderas.

Bisonte americano

Monte Rushmore

ESTADOS UNI

OCÉANO PACÍFICO

Los tranvías circulan por las empinadas calles de San Francisco.

Esta cascada es la más alta del Parque Nacional de Yosemite.

Estos árboles de hojas doradas están en todo Norteamérica.

Salt Lake City

Denver

El Callejón de los Tornados se llama así porque aquí se dan muchos de ellos.

San Francisco

Tranvías

Salto Yosemite

Las secuoyas crecen en este parque.

Álamo temblón

Estrellas en las aceras de Hollywood homenajean a los artistas famosos.

Parque Nacional de las Secuoyas

El escarpado cañón fue excavado por el río Colorado.

Gran Cañón

Santa Fe

Juegos paralímpicos

Paseo de la Fama

Muchachas navajo en trajes tradicionales

Los Ángeles

Colorado

Río Grande

Los vaqueros son hábiles jinetes que guardan el ganado.

Callejón de los Tornados

Phoenix

Estados Unidos ha ganado el mayor número de medallas en unos Juegos Paralímpicos. La nadadora Trischa Zorn es la atleta más galardonada.

Disneylandia

San Diego

Es el parque temático original. Cuenta con atracciones y personajes de las películas Disney.

Danza del águila de los pueblo

Pecos

Vaquero

Nativos americanos

Los navajos de Arizona y Nuevo México, en el sudoeste de Estados Unidos, son el mayor grupo de nativos americanos de Estados Unidos.

Esta danza interpretada por los indios pueblo de Colorado representa el vuelo del águila.

ESTADOS UNIDOS

Estados Unidos de América es un país enorme y muy influyente con 50 estados. Cuenta con amplias extensiones silvestres, así como con ciudades grandes y modernas. El paisaje es una mezcla de vastas llanuras, altas cordilleras, desiertos y humedales. Muchas personas de todo el mundo se han asentado en el país.

MÉXICO

Hawái

Las islas Hawái en el Pacífico fueron el 50° estado de Estados Unidos en 1959.

Honolulu

Hawái

Aloha!
¡Hola! o ¡Adiós!

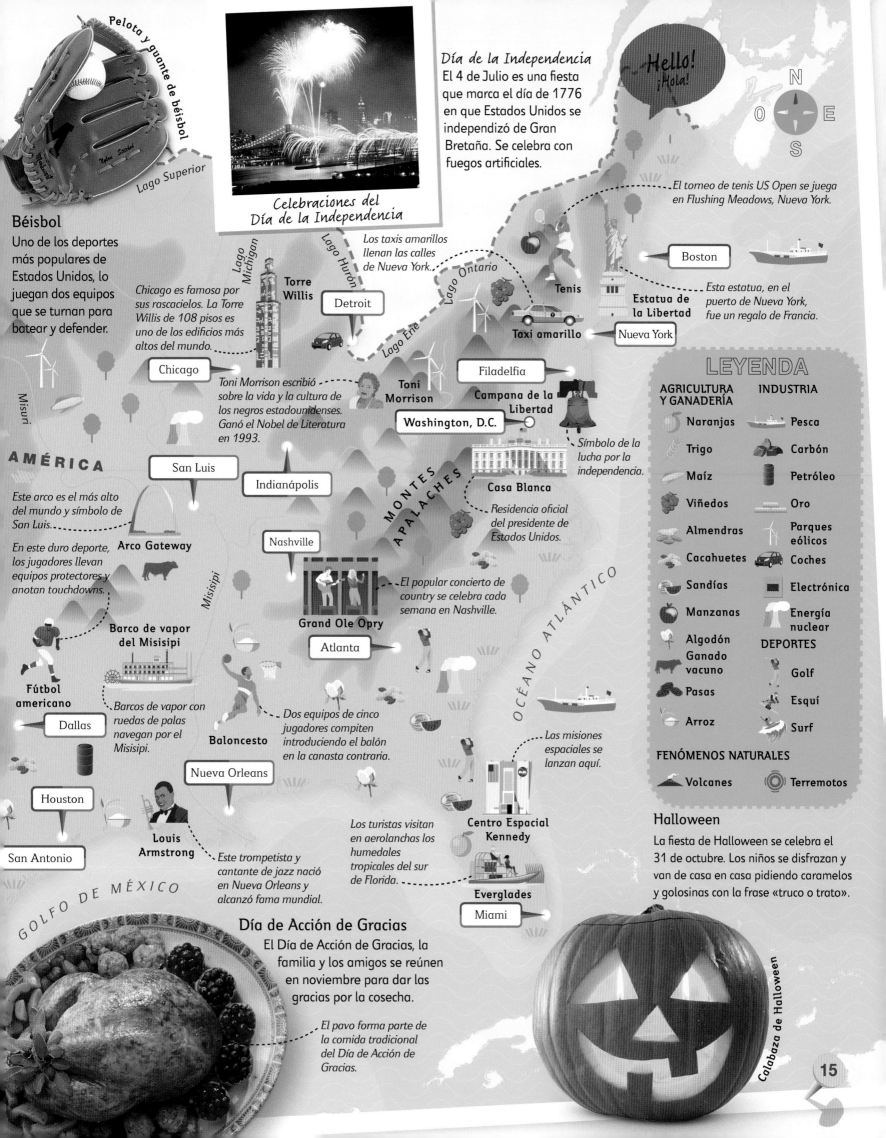

Pelota y guante de béisbol

Béisbol
Uno de los deportes más populares de Estados Unidos, lo juegan dos equipos que se turnan para batear y defender.

Lago Superior

Celebraciones del Día de la Independencia

Día de la Independencia
El 4 de Julio es una fiesta que marca el día de 1776 en que Estados Unidos se independizó de Gran Bretaña. Se celebra con fuegos artificiales.

Hello!
¡Hola!

El torneo de tenis US Open se juega en Flushing Meadows, Nueva York.

Los taxis amarillos llenan las calles de Nueva York.

Lago Michigan

Lago Hurón

Lago Ontario

Lago Erie

Torre Willis

Chicago es famosa por sus rascacielos. La Torre Willis de 108 pisos es uno de los edificios más altos del mundo.

Detroit

Boston

Tenis

Estatua de la Libertad

Esta estatua, en el puerto de Nueva York, fue un regalo de Francia.

Taxi amarillo

Nueva York

Chicago

Misuri

AMÉRICA

Toni Morrison escribió sobre la vida y la cultura de los negros estadounidenses. Ganó el Nobel de Literatura en 1993.

Toni Morrison

Filadelfia

Campana de la Libertad

Washington, D.C.

Símbolo de la lucha por la independencia.

San Luis

Indianápolis

MONTES APALACHES

Casa Blanca

Residencia oficial del presidente de Estados Unidos.

Este arco es el más alto del mundo y símbolo de San Luis.

Arco Gateway

En este duro deporte, los jugadores llevan equipos protectores y anotan touchdowns.

Nashville

Misisipi

El popular concierto de country se celebra cada semana en Nashville.

Grand Ole Opry

Barco de vapor del Misisipi

Atlanta

OCÉANO ATLÁNTICO

Fútbol americano

Barcos de vapor con ruedas de palas navegan por el Misisipi.

Dallas

Baloncesto

Dos equipos de cinco jugadores compiten introduciendo el balón en la canasta contraria.

Nueva Orleans

Houston

Louis Armstrong

San Antonio

Este trompetista y cantante de jazz nació en Nueva Orleans y alcanzó fama mundial.

Los turistas visitan en aerolanchas los humedales tropicales del sur de Florida.

Las misiones espaciales se lanzan aquí.

Centro Espacial Kennedy

Everglades

Miami

GOLFO DE MÉXICO

Día de Acción de Gracias
El Día de Acción de Gracias, la familia y los amigos se reúnen en noviembre para dar las gracias por la cosecha.

El pavo forma parte de la comida tradicional del Día de Acción de Gracias.

LEYENDA

AGRICULTURA Y GANADERÍA | **INDUSTRIA**

Naranjas — Pesca
Trigo — Carbón
Maíz — Petróleo
Viñedos — Oro
Almendras — Parques eólicos
Cacahuetes — Coches
Sandías — Electrónica
Manzanas — Energía nuclear
Algodón
Ganado vacuno — **DEPORTES**
Pasas — Golf
Arroz — Esquí
— Surf

FENÓMENOS NATURALES

Volcanes — Terremotos

Halloween
La fiesta de Halloween se celebra el 31 de octubre. Los niños se disfrazan y van de casa en casa pidiendo caramelos y golosinas con la frase «truco o trato».

Calabaza de Halloween

15

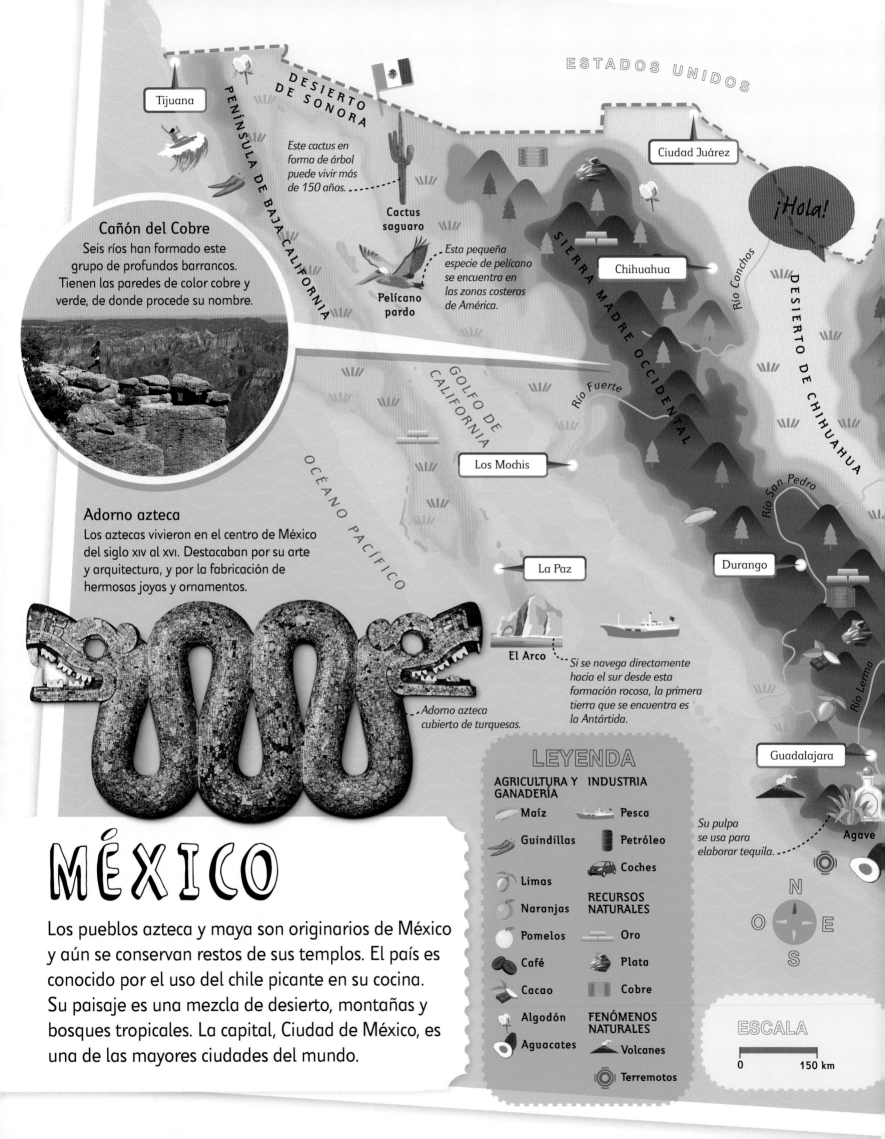

Tijuana

DESIERTO DE SONORA

PENÍNSULA DE BAJA CALIFORNIA

Este cactus en forma de árbol puede vivir más de 150 años.

Cactus saguaro

Ciudad Juárez

¡Hola!

Esta pequeña especie de pelícano se encuentra en las zonas costeras de América.

Pelícano pardo

SIERRA MADRE OCCIDENTAL

Chihuahua

Río Conchos

DESIERTO DE CHIHUAHUA

Cañón del Cobre

Seis ríos han formado este grupo de profundos barrancos. Tienen las paredes de color cobre y verde, de donde procede su nombre.

GOLFO DE CALIFORNIA

Río Fuerte

Los Mochis

OCÉANO PACÍFICO

Río San Pedro

Adorno azteca

Los aztecas vivieron en el centro de México del siglo XIV al XVI. Destacaban por su arte y arquitectura, y por la fabricación de hermosas joyas y ornamentos.

La Paz

Durango

El Arco

Si se navega directamente hacia el sur desde esta formación rocosa, la primera tierra que se encuentra es la Antártida.

Adorno azteca cubierto de turquesas.

Río Lerma

Guadalajara

MÉXICO

Los pueblos azteca y maya son originarios de México y aún se conservan restos de sus templos. El país es conocido por el uso del chile picante en su cocina. Su paisaje es una mezcla de desierto, montañas y bosques tropicales. La capital, Ciudad de México, es una de las mayores ciudades del mundo.

Su pulpa se usa para elaborar tequila.

Agave

LEYENDA

AGRICULTURA Y GANADERÍA

Maíz		Pesca	
Guindillas		Petróleo	
Limas		Coches	
Naranjas		**RECURSOS NATURALES**	
Pomelos		Oro	
Café		Plata	
Cacao		Cobre	
Algodón		**FENÓMENOS NATURALES**	
Aguacates		Volcanes	
		Terremotos	

N O E S

ESCALA

0   150 km

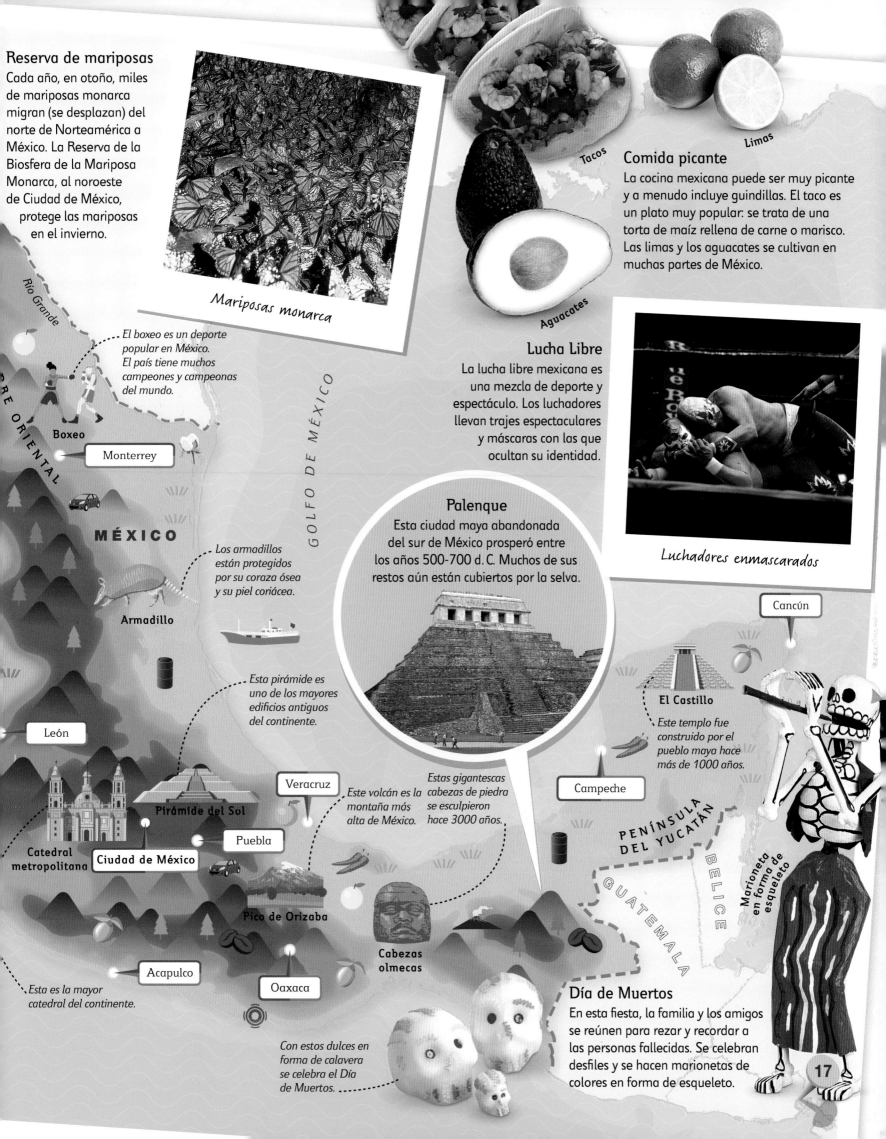

Reserva de mariposas

Cada año, en otoño, miles de mariposas monarca migran (se desplazan) del norte de Norteamérica a México. La Reserva de la Biosfera de la Mariposa Monarca, al noroeste de Ciudad de México, protege las mariposas en el invierno.

Mariposas monarca

Tacos

Limas

Comida picante

La cocina mexicana puede ser muy picante y a menudo incluye guindillas. El taco es un plato muy popular: se trata de una torta de maíz rellena de carne o marisco. Las limas y los aguacates se cultivan en muchas partes de México.

Aguacates

Lucha Libre

La lucha libre mexicana es una mezcla de deporte y espectáculo. Los luchadores llevan trajes espectaculares y máscaras con las que ocultan su identidad.

Luchadores enmascarados

Río Grande

El boxeo es un deporte popular en México. El país tiene muchos campeones y campeonas del mundo.

SIERRE ORIENTAL

Boxeo

Monterrey

MÉXICO

GOLFO DE MÉXICO

Los armadillos están protegidos por su coraza ósea y su piel coriácea.

Armadillo

Palenque

Esta ciudad maya abandonada del sur de México prosperó entre los años 500-700 d. C. Muchos de sus restos aún están cubiertos por la selva.

Cancún

Esta pirámide es uno de los mayores edificios antiguos del continente.

El Castillo

Este templo fue construido por el pueblo maya hace más de 1000 años.

León

Campeche

Veracruz

Este volcán es la montaña más alta de México.

Estas gigantescas cabezas de piedra se esculpieron hace 3000 años.

Pirámide del Sol

Puebla

Catedral metropolitana

Ciudad de México

PENÍNSULA DEL YUCATÁN

BELICE

GUATEMALA

Marioneta en forma de esqueleto

Pico de Orizaba

Cabezas olmecas

Acapulco

Oaxaca

Día de Muertos

En esta fiesta, la familia y los amigos se reúnen para rezar y recordar a las personas fallecidas. Se celebran desfiles y se hacen marionetas de colores en forma de esqueleto.

Esta es la mayor catedral del continente.

Con estos dulces en forma de calavera se celebra el Día de Muertos.

17

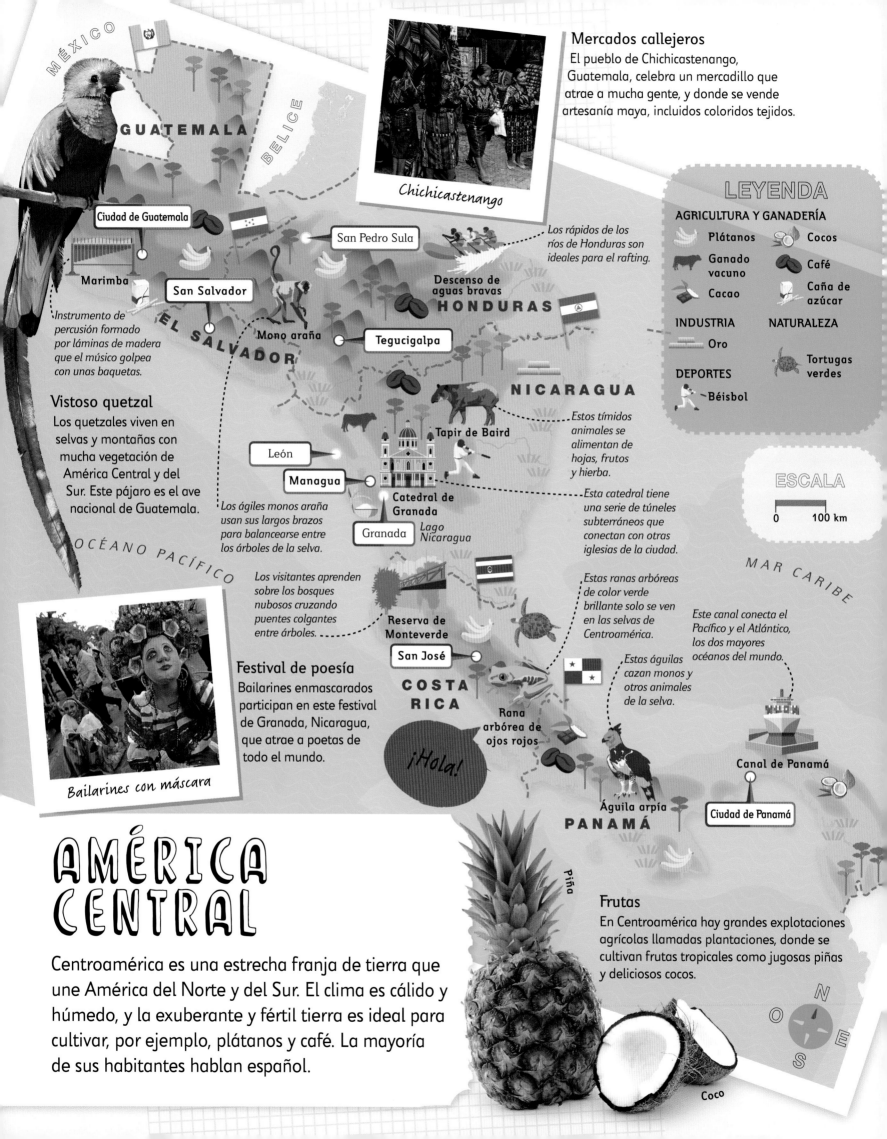

Mercados callejeros
El pueblo de Chichicastenango, Guatemala, celebra un mercadillo que atrae a mucha gente, y donde se vende artesanía maya, incluidos coloridos tejidos.

Chichicastenango

LEYENDA

AGRICULTURA Y GANADERÍA

Plátanos

Cocos

Ganado vacuno

Café

Cacao

Caña de azúcar

INDUSTRIA

Oro

NATURALEZA

Tortugas verdes

DEPORTES

Béisbol

ESCALA

0   100 km

MÉXICO

GUATEMALA

BELICE

Ciudad de Guatemala

San Pedro Sula

Los rápidos de los ríos de Honduras son ideales para el rafting.

Descenso de aguas bravas

HONDURAS

Marimba

San Salvador

EL SALVADOR

Mono araña

Tegucigalpa

NICARAGUA

Instrumento de percusión formado por láminas de madera que el músico golpea con unas baquetas.

Estos tímidos animales se alimentan de hojas, frutos y hierba.

Tapir de Baird

Vistoso quetzal
Los quetzales viven en selvas y montañas con mucha vegetación de América Central y del Sur. Este pájaro es el ave nacional de Guatemala.

León

Managua

Catedral de Granada

Esta catedral tiene una serie de túneles subterráneos que conectan con otras iglesias de la ciudad.

OCÉANO PACÍFICO

Los ágiles monos araña usan sus largos brazos para balancearse entre los árboles de la selva.

Granada

Lago Nicaragua

MAR CARIBE

Los visitantes aprenden sobre los bosques nubosos cruzando puentes colgantes entre árboles.

Reserva de Monteverde

San José

Estas ranas arbóreas de color verde brillante solo se ven en las selvas de Centroamérica.

Este canal conecta el Pacífico y el Atlántico, los dos mayores océanos del mundo.

Estas águilas cazan monos y otros animales de la selva.

Festival de poesía
Bailarines enmascarados participan en este festival de Granada, Nicaragua, que atrae a poetas de todo el mundo.

COSTA RICA

Rana arbórea de ojos rojos

¡Hola!

Bailarines con máscara

Canal de Panamá

Águila arpía

Ciudad de Panamá

PANAMÁ

AMÉRICA CENTRAL

Centroamérica es una estrecha franja de tierra que une América del Norte y del Sur. El clima es cálido y húmedo, y la exuberante y fértil tierra es ideal para cultivar, por ejemplo, plátanos y café. La mayoría de sus habitantes hablan español.

Piña

Frutas
En Centroamérica hay grandes explotaciones agrícolas llamadas plantaciones, donde se cultivan frutas tropicales como jugosas piñas y deliciosos cocos.

Coco

ESTADOS UNIDOS

La Habana

Nasáu

BAHAMAS

CUBA

Cerdos nadadores
Cerdos salvajes viven en Cayo Big Major, en las Bahamas. A veces nadan en sus aguas cristalinas.

Pelau

Sabroso
El pelau, un plato de arroz caribeño, es muy sabroso. Los plátanos se fríen y se sirven como acompañamiento.

Plátano frito

MAR CARIBE

Estos árboles de la selva tropical alcanzan 60 m.

Ceiba

Guantánamo

Marlín azul

Este pez, símbolo de las Bahamas, atrapa sus presas con su largo pico.

Festival de ballet
Bailarines de todo el mundo participan en el festival de ballet de La Habana, uno de los más antiguos del mundo.

Bailarinas cubanas

JAMAICA

Kingston

Mercado de Hierro

HAITÍ

El baile nacional de la República Dominicana es el merengue.

Merengue (baile)

REPÚBLICA DOMINICANA

LEYENDA

AGRICULTURA Y GANADERÍA
- Ganado vacuno
- Maíz
- Caña de azúcar

NATURALEZA
- Arrecife coralino
- Tortugas verdes

INDUSTRIA
- Finanzas

DEPORTES
- Críquet
- Vela
- Béisbol
- Buceo

Este monumento fue reconstruido tras un terremoto que hubo en 2010.

Puerto Príncipe

Santo Domingo

Puerto Rico

Museo El Cemi

OCÉANO ATLÁNTICO

Este singular museo alberga objetos religiosos antiguos de Puerto Rico.

ESCALA

0   100 km

Antillas Mayores

N O E S

COLOMBIA

EL CARIBE

Las playas doradas, los arrecifes coralinos, los carnavales y los festivales son parte de la vida del Caribe. Este grupo de pequeñas naciones insulares se encuentra entre América del Norte y del Sur. Las islas tienen un clima tropical y están rodeadas de mares cálidos.

Antillas Menores

Moko Jumbies
Muy coloridos, bailan sobre zancos en festivales como el Carnaval de Trinidad y Tobago.

Puerto España

TRINIDAD Y TOBAGO

CLIMAS

Llamamos clima a las condiciones atmosféricas típicas de una zona de la Tierra. Los climas varían de un área a otra del mundo. Las regiones polares norte y sur de la Tierra son los lugares más fríos. Al acercarnos al ecuador, el clima es más cálido. Diferentes animales y plantas se adaptan a distintos tipos de clima.

El mundo es cada vez más cálido. La temperatura media ha aumentado 1,1 °C desde 1880 debido a la actividad humana, como la quema de petróleo y carbón.

CONTINENTE MÁS FRÍO

La Antártida es el continente más frío del mundo. Las temperaturas pueden descender hasta los -89,2 °C.

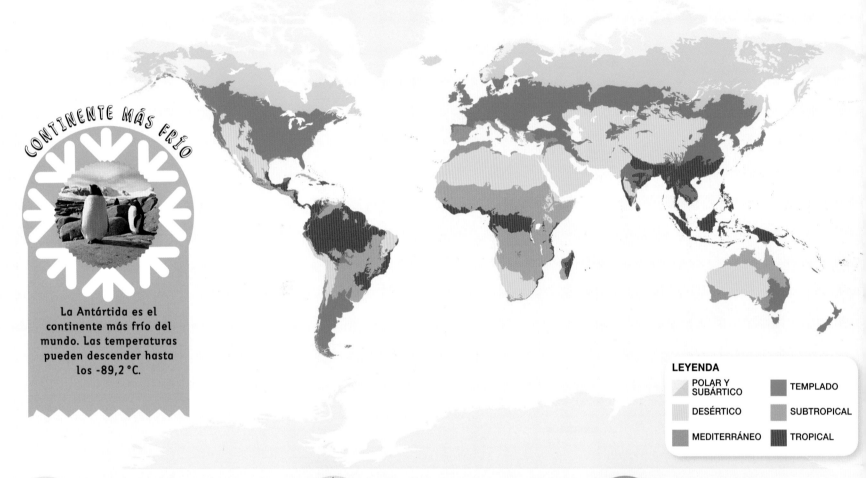

LEYENDA

POLAR Y SUBÁRTICO	TEMPLADO
DESÉRTICO	SUBTROPICAL
MEDITERRÁNEO	TROPICAL

POLAR Y SUBÁRTICO

El clima cerca de los polos norte y sur es muy frío. Las regiones subárticas se hallan al sur del polo norte, donde el clima es algo más cálido y crecen algunas plantas.

DESÉRTICO

Este clima es seco, con muy pocas lluvias al año. Muchos desiertos son muy calurosos de día y fríos de noche. Solo unas pocas plantas y animales viven en este clima.

MEDITERRÁNEO

Las áreas cercanas al Mediterráneo tienen veranos secos y calurosos, e inviernos húmedos. Este clima se da también en zonas climáticas similares, como California.

TEMPLADO

Las zonas de clima templado, como España, tienen unos veranos cálidos e inviernos frescos. En este clima crecen árboles de hoja caduca.

SUBTROPICAL

Las regiones cálidas del mundo con estaciones secas y lluviosas tienen este clima. Un ejemplo son las sabanas africanas, con grandes praderas y pocos árboles.

TROPICAL

El clima tropical es cálido y lluvioso. Las regiones con este clima están cerca del ecuador. Aquí crecen densas selvas tropicales, como la amazónica.

Lugares cálidos y fríos

Valle de la Muerte,
California, EE. UU.
56,7 °C

Kebili,
Túnez
55 °C

Tirat Tsvi,
Israel
54 °C

Sulaibiya, Kuwait
53,5 °C

Mohenjo-daro,
Pakistán
53,5 °C

Snag, Yukón,
Canadá
-63 °C

Oymyakon,
Rusia
-67,7 °C

Klinck,
Groenlandia
-69,6 °C

Polo sur,
Antártida
-82,8 °C

Estación Vostok,
Antártida
-89,2 °C

Lugares cálidos y fríos

Las áreas más cálidas de la Tierra
son las zonas desérticas. Son más
calientes que las tropicales, porque
no hay nubes que bloqueen el Sol.
Las más frías son las zonas polares.
Reciben menos luz que otros lugares.

Los cinco lugares más lluviosos

Un estado llamado Meghalaya, en la
India, tiene la mayor pluviosidad anual
del mundo. Aquí, vientos estacionales
llamados monzones traen fuertes
lluvias. Otros lugares muy húmedos del
mundo son los bosques tropicales o los
exuberantes terrenos montañosos.

San Antonio de Ureca,
Isla Bioko,
Guinea Ecuatorial

Río Cropp, Isla Sur,
Nueva Zelanda

Tutendo, Colombia

Cherrapunji, estado de Meghalaya, India

Mawsynram, estado de Meghalaya, India

10 450 mm

11 516 mm

11 770 mm

11 777 mm

11 871 mm

Los cinco lugares más secos

Nada crece en zonas
muy secas porque la
pluviosidad anual es
muy baja. La Antártida
es el continente más seco
y el más frío y ventoso.

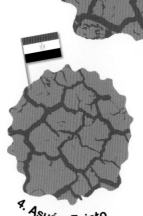

1. Valles Secos, Antártida
No llueve en absoluto

2. Desierto de Atacama, Chile
0,76 mm

5. Luxor, Egipto
0,862 mm

4. Asuán, Egipto
0,861 mm

3. Al-Kufrah, Libia
0,860 mm

21

AMÉRICA DEL SUR

Desde las cimas de los Andes hasta la inmensa selva amazónica, Sudamérica tiene un paisaje variado y colorido. Aquí, la gente se apasiona por todo, desde el fútbol hasta los carnavales. Este continente es una mezcla única de la cultura latina y las tradiciones de los pueblos indígenas.

5. ¿Qué país ha ganado más veces la Copa del Mundo de fútbol masculino?

Encontrarás todas las respuestas y más preguntas en las páginas 120-121.

6. ¿En qué país puedes ver esta ave que no vuela?

8. ¿De que país procede esta mascota?

7. ¿Qué nombre recibe este oso peruano?

AMÉRICA DEL SUR

América del Sur se extiende desde el mar Caribe tropical al norte, hasta el gélido océano Austral al sur. El mayor bosque del mundo, la selva amazónica, cubre gran parte de Brasil y el norte del continente.

ISLAS GALÁPAGOS (ECUADOR)

Lago Titicaca

Este profundo lago, en lo alto de la cordillera de los Andes, se encuentra en la frontera entre Bolivia y Perú. El lago cuenta con varias islas habitadas, incluyendo algunas islas flotantes artificiales, construidas con cañas.

Cordillera de los Andes

Esta cadena montañosa recorre la parte occidental de Sudamérica como una espina dorsal. Con una longitud de unos 8900 km, la cordillera más larga del mundo se extiende del norte de Colombia al extremo sur de Chile.

Río Amazonas

Este gigantesco río cruza la selva amazónica y desemboca en el Atlántico. Es el río más caudaloso del mundo.

MAR CARIBE

VENEZUEL

COLOMBIA

ECUADOR

PERÚ

BOLIV

OCÉANO PACÍFICO

CHILE

ARGENTINA

PASO DE DR

SURINAM

GUAYANA
FRANCESA
(FRANCIA)

OCÉANO ATLÁNTICO

BRASIL

PARAGUAY

URUGUAY

N
O   E
S

São Paulo

São Paulo es la ciudad con más habitantes de
América del Sur. Fundada por colonos portugueses
en el siglo XVI, creció cuando, hacia 1690, se
descubrió oro en sus cercanías. Hoy, es el mayor
centro de negocios de Brasil.

ESCALA

0   1000 km

La Pampa

Esta extensa llanura cubierta de hierba abarca
el este de Argentina, gran parte de Uruguay y el
extremo sur de Brasil. En ella se cultiva una gran
cantidad de trigo y de hortalizas. Sus praderas
son perfectas para criar ovejas y vacas. ¡La carne
argentina es famosa en todo el mundo!

LAS MALVINAS
(REINO UNIDO)

MAR DEL SCOTIA

COLOMBIA Y VENEZUELA

Colombia y Venezuela se encuentran en el extremo noroeste de Sudamérica. Limitan al norte con el mar Caribe y al sur con la selva amazónica. Estos países son ricos en esmeraldas, diamantes y oro.

Guacamayo escarlata
Esta ave grande y ruidosa vive en las selvas tropicales de Colombia y Venezuela. Se alimenta de frutos secos, semillas y frutas.

Salto Ángel
El Salto Ángel es la cascada más alta del mundo. El agua se precipita desde 979 m de altura en la selva tropical.

Bolívar ayudó a varios países sudamericanos a independizarse de España, incluido su país natal, Venezuela.

Caracas

Valencia

Maracaibo

Simón Bolívar

Barranquilla

MAR CARIBE

Lago Maracaibo

O N E S

Esta estatua honra a María, madre de Jesús.

Virgen de la Paz

Ciudad Bolívar

Apure

Orinoco

San Cristóbal

VENEZUELA

PANAMÁ

Cauca

Magdalena

Oso hormiguero gigante

Caura

GUYANA

OCÉANO PACÍFICO

Medellín

El oso hormiguero come hormigas y termitas que lame con su lengua larga y pegajosa.

Puerto Ayacucho

Bogotá

Meta

Los insectos que se posan en esta planta carnívora son atrapados y digeridos.

BRASIL

Esta catedral se encuentra en una plaza del centro de Bogotá.

Puerto Inírida

Planta odre

Catedral de Bogotá

Santiago de Cali

Guaviare

¡Hola!

Tumaco

COLOMBIA

Esta serpiente puede tragarse un ciervo.

Mitú

Pasto

ECUADOR

Anaconda

Caquetá

ESCALA
0   200 km

Parque de San Agustín
Alberga el mayor conjunto de monumentos religiosos antiguos de América del Sur. Algunos de ellos tienen casi 2000 años de antigüedad.

Escultura precolombina

PERÚ

LEYENDA

AGRICULTURA
- Plátanos
- Café
- Flores
- Arroz
- Caña de azúcar
- Maíz

DEPORTES
- Béisbol

FENÓMENOS NATURALES
- Terremotos
- Volcanes

INDUSTRIA
- Petróleo
- Gas
- Níquel
- Diamantes
- Perlas
- Oro
- Esmeraldas
- Hierro
- Aceite de palma

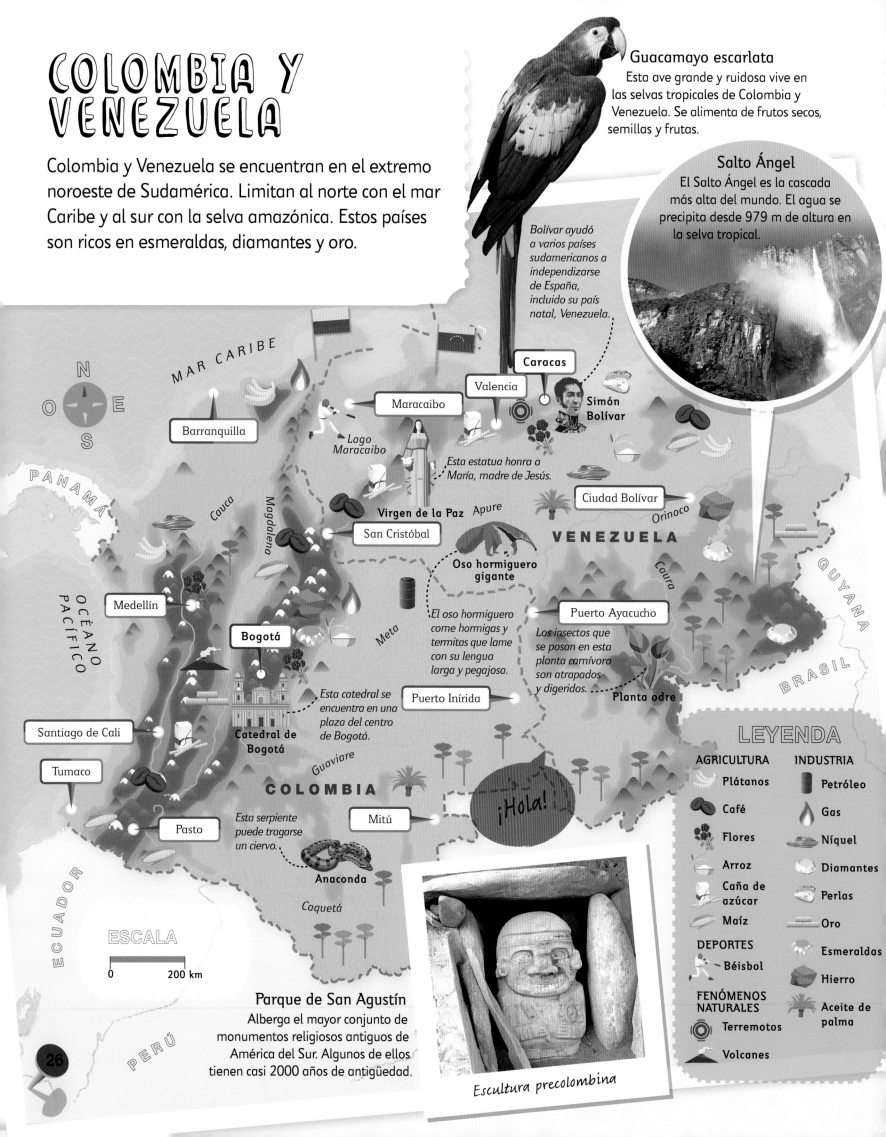

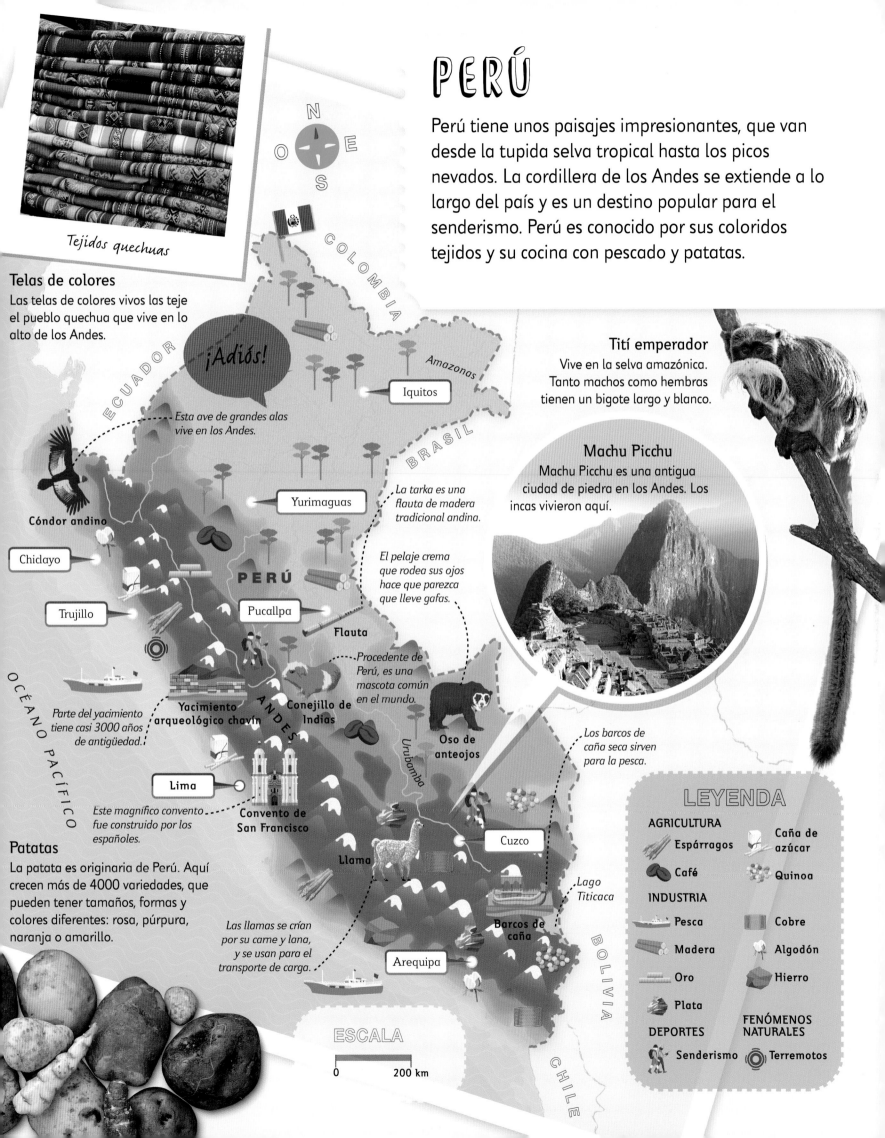

Tejidos quechuas

PERÚ

Perú tiene unos paisajes impresionantes, que van desde la tupida selva tropical hasta los picos nevados. La cordillera de los Andes se extiende a lo largo del país y es un destino popular para el senderismo. Perú es conocido por sus coloridos tejidos y su cocina con pescado y patatas.

Telas de colores
Las telas de colores vivos las teje el pueblo quechua que vive en lo alto de los Andes.

¡Adiós!

Amazonas

Iquitos

Esta ave de grandes alas vive en los Andes.

Tití emperador
Vive en la selva amazónica. Tanto machos como hembras tienen un bigote largo y blanco.

Cóndor andino

Yurimaguas

La tarka es una flauta de madera tradicional andina.

Machu Picchu
Machu Picchu es una antigua ciudad de piedra en los Andes. Los incas vivieron aquí.

Chiclayo

PERÚ

El pelaje crema que rodea sus ojos hace que parezca que lleve gafas.

Trujillo

Pucallpa

Flauta

Procedente de Perú, es una mascota común en el mundo.

Parte del yacimiento tiene casi 3000 años de antigüedad.

Yacimiento arqueológico chavín

Conejillo de Indias

Oso de anteojos

Los barcos de caña seca sirven para la pesca.

OCÉANO PACÍFICO

Lima

Convento de San Francisco

Este magnífico convento fue construido por los españoles.

Cuzco

Llama

Lago Titicaca

Patatas
La patata es originaria de Perú. Aquí crecen más de 4000 variedades, que pueden tener tamaños, formas y colores diferentes: rosa, púrpura, naranja o amarillo.

Las llamas se crían por su carne y lana, y se usan para el transporte de carga.

Barcos de caña

Arequipa

LEYENDA

AGRICULTURA
- Espárragos
- Caña de azúcar
- Café
- Quinoa

INDUSTRIA
- Pesca
- Cobre
- Madera
- Algodón
- Oro
- Hierro
- Plata

DEPORTES
- Senderismo

FENÓMENOS NATURALES
- Terremotos

COLOMBIA

ECUADOR

BRASIL

BOLIVIA

CHILE

ANDES

Urubamba

ESCALA

0   200 km

BRASIL

Brasil es el país más grande de Sudamérica, y tiene pueblos y culturas muy variados. La mayoría de los brasileños viven en grandes ciudades y hablan portugués, el idioma oficial, mientras que más de 200 grupos indígenas tienen su propia lengua.

Café y naranjas

Brasil es el mayor productor del mundo de naranjas y café. Casi el 75 % de la cosecha de naranjas se convierte en zumo y se exporta. Hay unas 300000 fincas cafeteras en todo el país y los brasileños consumen la mitad del café que producen.

Café

Naranjas

Pueblos indígenas

La selva tropical amazónica está habitada desde hace miles de años. Los yanomami son uno de los grupos más numerosos. Viven en grandes chozas circulares con techo de hojas de palma.

Vida en la selva

La inmensa selva tropical amazónica está repleta de fauna y flora. Viven en ella un número asombroso de especies de insectos: ¡unos 2,5 millones!

Mariposa morpho

Las alas de color azul brillante ayudan a estas grandes mariposas a verse unas a otras en la penumbra del bosque.

ESCALA

0 — 400 km

Algunas personas usan canoas para viajar por el Amazonas. Los barcos más grandes se utilizan para turismo y comercio.

Canoas

Teatro Amazonas

Manaos, en la selva, abrió su teatro de la ópera en 1896.

Estos peces comen carne con sus afilados dientes. La población local los pesca para alimentarse.

Piraña

Este árbol crece en el Cerrado de Brasil, una gran región de pastizales.

Qualea grandiflora

El tucán utiliza su enorme y colorido pico para alimentarse de frutos del bosque.

Tucán toco

A este raro delfín le gustan los ríos limpios con muchos peces.

Delfín rosado

Mapa

N E S O

OCÉANO ATLÁNTICO

Recife
Maceió
Fortaleza
São Luís
Belém
San Francisco
Tocantins
Araguaia
Xingú
Amazonas
Negro
Amazonas
SELVA AMAZÓNICA
Manaos
Puerto Viejo
GUYANA
SURINAM
GUAYANA FRANCESA (FRANCIA)
VENEZUELA
COLOMBIA

OCÉANO ATLÁNTICO

Brasilia sustituyó a Río como capital del país en 1960. La moderna catedral parece una corona de espinas.

Belo Horizonte

Cristo Redentor
Esta gran estatua domina Río de Janeiro y es uno de los atractivos de la ciudad.

Río de Janeiro

Pan de Azúcar
Esta montaña se eleva sobre Río de Janeiro. Las personas que toman el teleférico hasta la cima disfrutan de impresionantes vistas de la ciudad.

Brasilia

Goiânia

Capibara
Este roedor es tan grande como un perro de gran tamaño. Vive en las zonas pantanosas del Pantanal.

Paraná

São Paulo

Curitiba

Porto Alegre

¡Olá!
¡Hola!

Laguna de los Patos

San Miguel de las Misiones
Construida en 1687, hoy está en ruinas.

PANTANAL

BOLIVIA

PARAGUAY

URUGUAY

ARGENTINA

Jaguar
Este gran felino vive en la selva amazónica. Es un gran nadador y tiene una potente mandíbula.

El pelaje de cada jaguar es único.

Movimientos acrobáticos

Fútbol
A los brasileños les apasiona el fútbol. Brasil es el país que más veces (cinco) ha ganado el Mundial de fútbol masculino. Muchos grandes futbolistas proceden de Brasil, como Pelé y Marta Viera da Silva.

Fútbol en la playa

Cataratas de Iguazú
Esta espectacular serie de cataratas se encuentra en el límite fronterizo entre Brasil y Argentina. Los bosques que las rodean están protegidos por dos parques nacionales.

Capoeira
Este arte marcial abarca música, danza y acrobacias. Gente de África occidental desarrolló la capoeira en Brasil hace 500 años, y en la actualidad sigue siendo un tipo de ejercicio.

LEYENDA

AGRICULTURA
- Café
- Naranjas
- Plátanos
- Soja
- Legumbres
- Caña de azúcar
- Arroz

RECURSOS
- Oro
- Hierro
- Diamantes
- Petróleo
- Energía hidroeléctrica

DEPORTES
- Fútbol

ARGENTINA Y CHILE

Estos dos países se extienden por el sur de Sudamérica. Entre ellos se encuentra la cordillera de los Andes. El variado paisaje argentino incluye las escarpadas montañas de la Patagonia, mientras que Chile es un país alargado y estrecho, con desiertos y fértiles tierras de cultivo.

Tango argentino
Esta música y baile de origen argentino tiene movimientos lentos y diversidad de pasos. Es ejecutado por una pareja enlazada.

Bailarines de tango

Viñas en altura
El viñedo más alto del mundo está a 3111 m de altura en el valle Calchaquí, en el norte de Argentina.

Desierto de Atacama
Es uno de los lugares más secos del mundo. Esa franja de tierra entre el océano Pacífico y la cordillera de los Andes recibe pocas precipitaciones porque las montañas bloquean la lluvia.

Tierra fértil
La tierra del centro de Chile es rica y fértil. Los melocotones se cultivan en huertos. También la producción de uva es importante, y el vino chileno

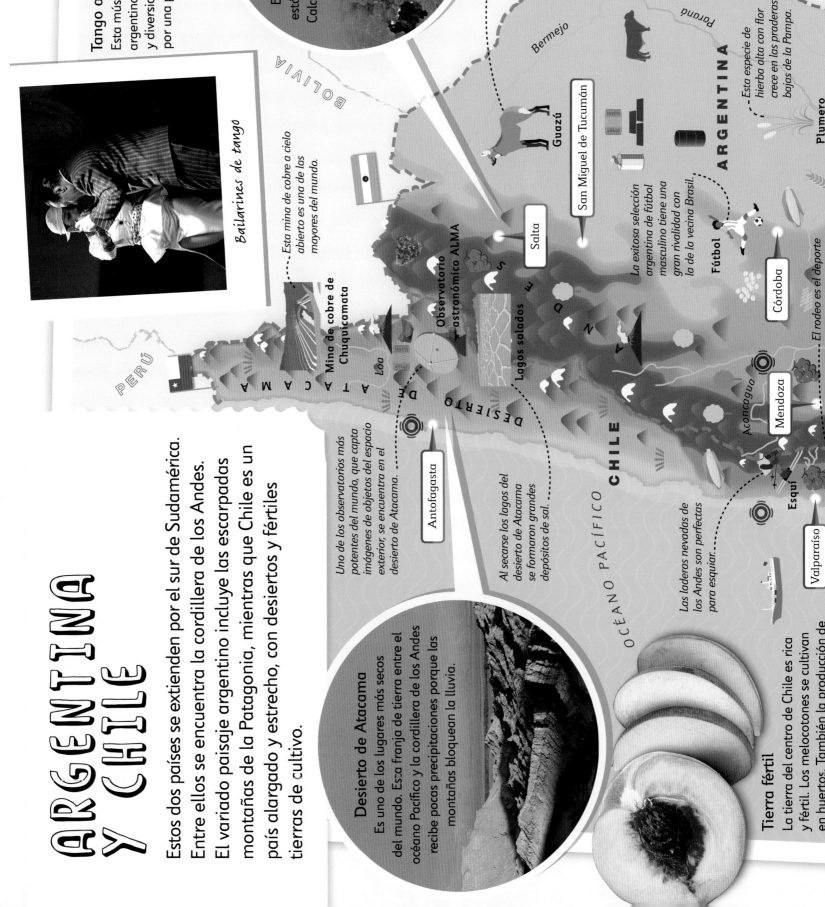

El guazú parece un lobo pequeño o un gran zorro rojo. Solo vive en las praderas de América del Sur.

Esta mina de cobre a cielo abierto es una de las mayores del mundo.

Uno de los observatorios más potentes del mundo, que capta imágenes de objetos del espacio exterior, se encuentra en el desierto de Atacama.

Al secarse los lagos del desierto de Atacama se formaron grandes depósitos de sal.

Las laderas nevadas de los Andes son perfectas para esquiar.

La exitosa selección argentina de fútbol masculino tiene una gran rivalidad con la de la vecina Brasil.

Esta especie de hierba alta con flor crece en las praderas bajas de la Pampa.

El rodeo es el deporte nacional de Chile: las parejas de jinetes (huasos)

PERÚ
BOLIVIA
PARAGUAY
BRASIL
URUGUAY

CHILE
ARGENTINA

Bermejo
Paraná

Guazú
San Miguel de Tucumán
Salta

Mina de cobre de Chuquicamata
Lóa
Observatorio astronómico ALMA
Lagos salados

Antofagasta

OCÉANO PACÍFICO

DESIERTO DE ATACAMA

Aconcagua
Mendoza
Córdoba
Esquí
Valparaíso
Santiago
Rodeo huaso

Fútbol
Plumero

A N D E S

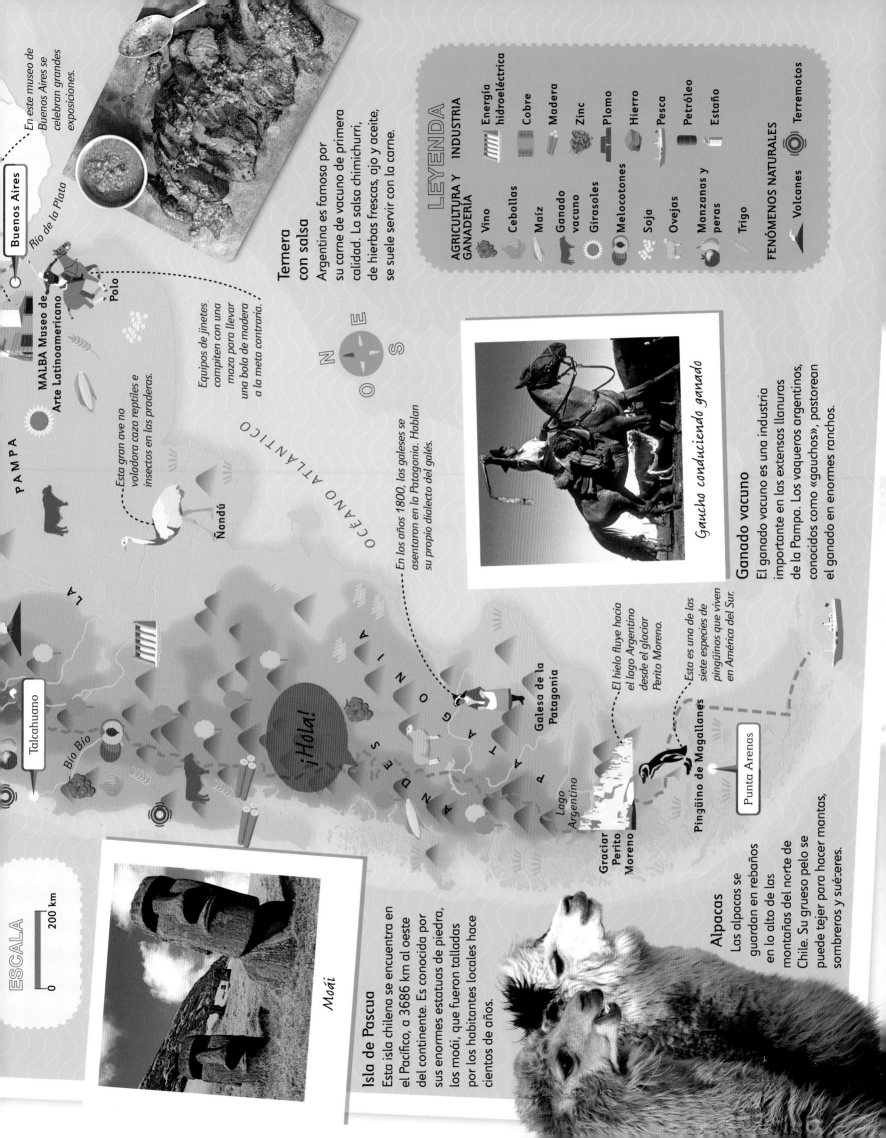

En este museo de Buenos Aires se celebran grandes exposiciones.

Río de la Plata

Polo

MALBA Museo de Arte Latinoamericano

Equipos de jinetes compiten con una maza para llevar una bola de madera a la meta contraria.

Ternera con salsa

Argentina es famosa por su carne de vacuno de primera calidad. La salsa chimichurri, de hierbas frescas, ajo y aceite, se suele servir con la carne.

LEYENDA

AGRICULTURA Y GANADERÍA

Vino	Cebollas
Maíz	Ganado vacuno
Girasoles	Melocotones
Soja	Ovejas
Manzanas y peras	Trigo

INDUSTRIA

Energía hidroeléctrica	Cobre
Madera	Zinc
Plomo	Hierro
Pesca	Petróleo
Estaño	

FENÓMENOS NATURALES

Volcanes · Terremotos

PAMPA

Esta gran ave no voladora caza reptiles e insectos en las praderas.

Ñandú

N E S O

OCÉANO ATLÁNTICO

LA

En los años 1800, los galeses se asentaron en la Patagonia. Hablan su propio dialecto del galés.

Galesa de la Patagonia

A N D E S

¡Hola!

P A T A G O N I A

El hielo fluye hacia el lago Argentino desde el glaciar Perito Moreno.

Esta es una de las siete especies de pingüinos que viven en América del Sur.

Glaciar Perito Moreno

Lago Argentino

Pingüino de Magallanes

Punta Arenas

Talcahuano

Bío Bío

Ganado vacuno

El ganado vacuno es una industria importante en las extensas llanuras de la Pampa. Los vaqueros argentinos, conocidos como «gauchos», pastorean el ganado en enormes ranchos.

Gaucho conduciendo ganado

ESCALA

0 — 200 km

Moái

Isla de Pascua

Esta isla chilena se encuentra en el Pacífico, a 3686 km al oeste del continente. Es conocida por sus enormes estatuas de piedra, los moái, que fueron talladas por los habitantes locales hace cientos de años.

Alpacas

Las alpacas se guardan en rebaños en lo alto de las montañas del norte de Chile. Su grueso pelo se puede tejer para hacer mantas, sombreros y suéteres.

POBLACIÓN

El número de personas que viven en el mundo crece con rapidez. En 1800, la población mundial era de unos 1000 millones. Hoy, el planeta tiene más de 8000 millones de habitantes y más de la mitad de ellos viven en ciudades. La población crece porque está mejor alimentada y tiene mejor atención sanitaria, por lo que vive más tiempo.

Población dispersa

El país con la menor densidad de población del mundo es Mongolia, con una media de dos personas por kilómetro cuadrado.

MONGOLIA

Países más poblados

Estos cinco países tienen las mayores poblaciones del mundo. Son grandes países con abundante tierra de cultivo.

1. CHINA
1450 millones
de personas

2. INDIA
1410 millones
de personas

3. ESTADOS UNIDOS
331 millones
de personas

4. INDONESIA
279 millones
de personas

5. BRASIL
212 millones
de personas

¿Quién vive dónde?

Este gráfico muestra el porcentaje de la población mundial en cada continente. Asia es, con diferencia, el más poblado del mundo.

ASIA
60%

Ciudades más pobladas

La ciudad más grande de la mayoría de los países suele ser, aunque no siempre, su capital. Una ciudad enorme en crecimiento también se conoce como metrópoli. Este gráfico muestra la ciudad más poblada de cada continente.

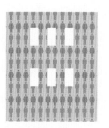

El área metropolitana de Tokio tiene casi la misma población que todo Canadá.

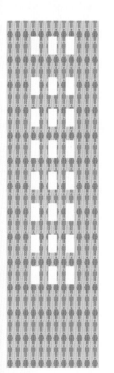
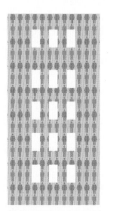
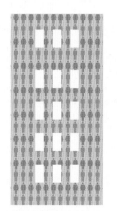
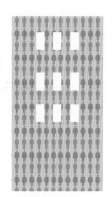

Tokio,
Japón,
Asia
37 millones

Ciudad de México,
México,
América del Norte
22 millones

São Paulo,
Brasil,
América del Sur
22 millones

El Cairo,
Egipto,
África
21 millones

Moscú,
Rusia,
Europa
12 millones

Sídney,
Australia,
Australasia
5 millones

Campo o ciudad

Las ciudades crecen a gran velocidad en muchas partes del mundo. La población se traslada, o emigra, de las zonas rurales (el campo) a las urbanas. En el mundo, cerca del 56 % de las personas vive en ciudades y un 44 % en el campo.

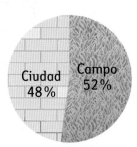

Ciudad 48 % Campo 52 %

ASIA

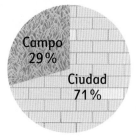

Campo 29 % Ciudad 71 %

AUSTRALASIA

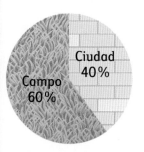

Ciudad 40 % Campo 60 %

ÁFRICA

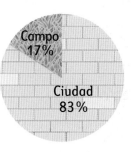

Campo 17 % Ciudad 83 %

AMÉRICA DEL SUR

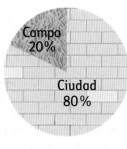

Campo 20 % Ciudad 80 %

AMÉRICA DEL NORTE

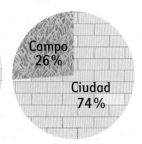

Campo 26 % Ciudad 74 %

EUROPA

LA MAYOR POBLACIÓN INFANTIL

La India, con unos 450 millones de niños, es el país con mayor población infantil. Son el 40 % de la población del país.

ÁFRICA
16 %

AMÉRICA
DEL NORTE 8 %

AUSTRALASIA
1 %

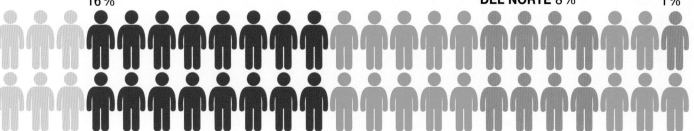

EUROPA
10 %

AMÉRICA
DEL SUR 5 %

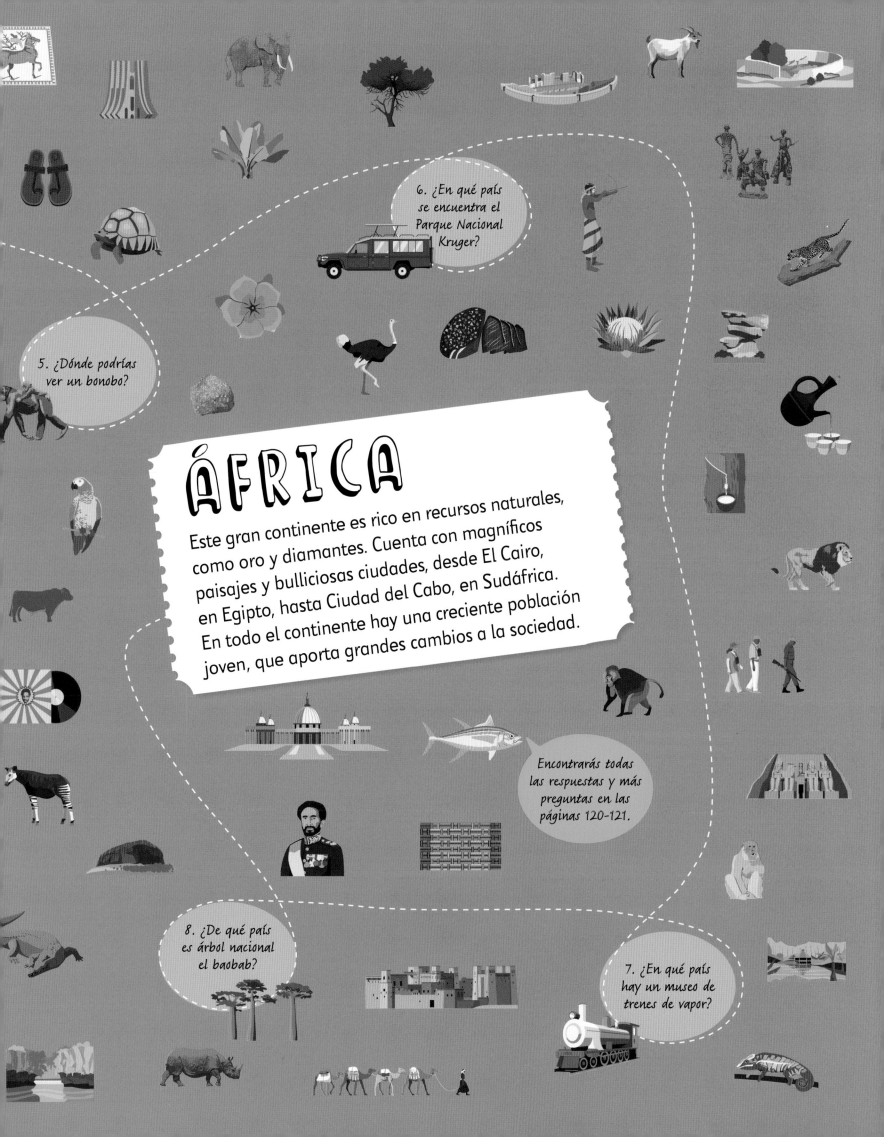

ÁFRICA

Este gran continente es rico en recursos naturales, como oro y diamantes. Cuenta con magníficos paisajes y bulliciosas ciudades, desde El Cairo, en Egipto, hasta Ciudad del Cabo, en Sudáfrica. En todo el continente hay una creciente población joven, que aporta grandes cambios a la sociedad.

5. ¿Dónde podrías ver un bonobo?

6. ¿En qué país se encuentra el Parque Nacional Kruger?

7. ¿En qué país hay un museo de trenes de vapor?

8. ¿De qué país es árbol nacional el baobab?

Encontrarás todas las respuestas y más preguntas en las páginas 120-121.

ÁFRICA

África es el segundo continente más grande del mundo. Al norte, los países secos que bordean el Mediterráneo están separados del resto de África por el Sahara. Al sur de este desierto, llanuras cubiertas de hierba y densas selvas albergan una fauna única.

Mercado de África Occidental

En toda África Occidental hay mercados muy concurridos. Muchas personas se ganan la vida viajando a varios mercados para vender sus mercancías.

Desierto del Sahara

El Sahara es el mayor desierto caliente del mundo. Se extiende desde Mauritania en el oeste hasta Sudán en el este. Los camellos se utilizan para transportar mercancías a través de las dunas arenosas.

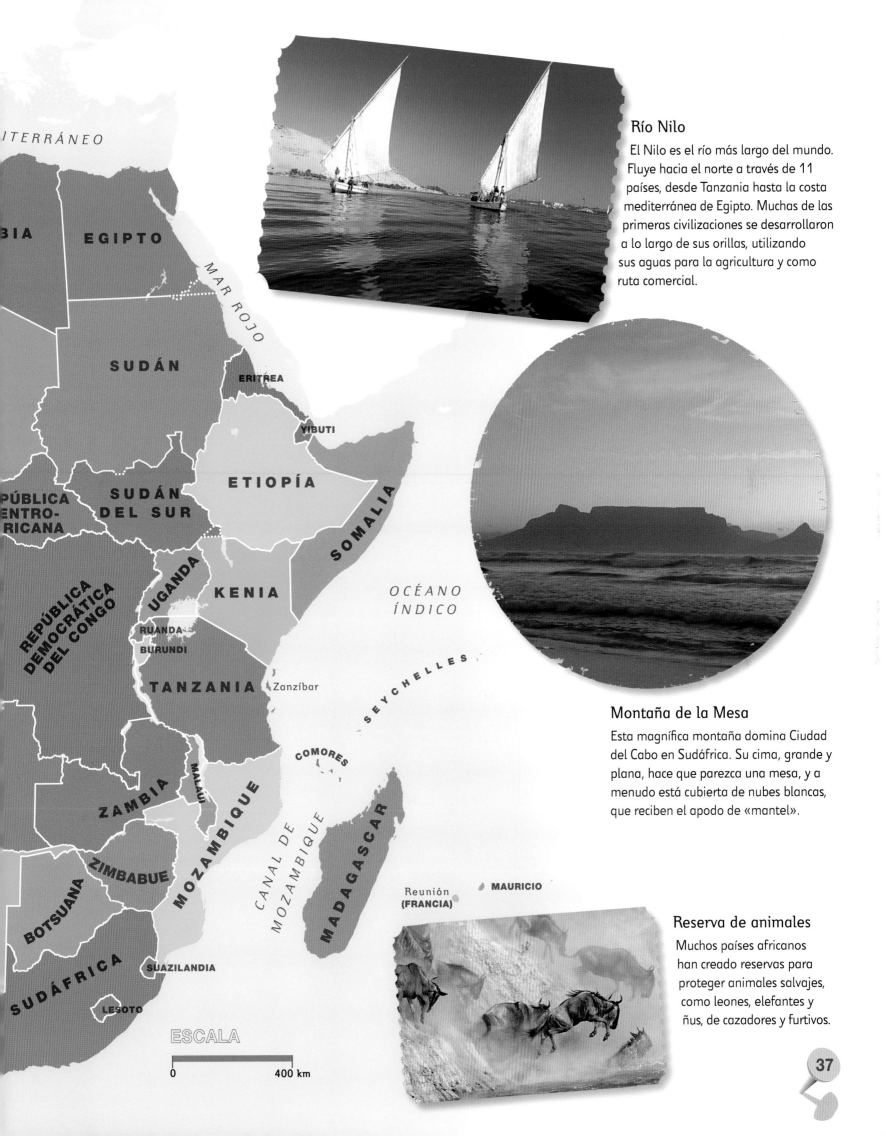

MITERRÁNEO

EGIPTO

BIA

MAR ROJO

SUDÁN

ERITREA

YIBUTI

ETIOPÍA

REPÚBLICA
CENTRO-
RICANA

SUDÁN
DEL SUR

SOMALIA

PÚBLICA
DEMOCRÁTICA
DEL CONGO

UGANDA

KENIA

RUANDA

BURUNDI

OCÉANO
ÍNDICO

TANZANIA   Zanzíbar

SEYCHELLES

COMORES

ZAMBIA

MALAUI

MOZAMBIQUE

ZIMBABUE

CANAL DE
MOZAMBIQUE

MADAGASCAR

Reunión
(FRANCIA)

MAURICIO

BOTSUANA

SUDÁFRICA

SUAZILANDIA

LESOTO

ESCALA

0   400 km

Río Nilo

El Nilo es el río más largo del mundo.
Fluye hacia el norte a través de 11
países, desde Tanzania hasta la costa
mediterránea de Egipto. Muchas de las
primeras civilizaciones se desarrollaron
a lo largo de sus orillas, utilizando
sus aguas para la agricultura y como
ruta comercial.

Montaña de la Mesa

Esta magnífica montaña domina Ciudad
del Cabo en Sudáfrica. Su cima, grande y
plana, hace que parezca una mesa, y a
menudo está cubierta de nubes blancas,
que reciben el apodo de «mantel».

Reserva de animales

Muchos países africanos
han creado reservas para
proteger animales salvajes,
como leones, elefantes y
ñus, de cazadores y furtivos.

NORTE DE ÁFRICA

Marruecos, Argelia, Túnez y Libia son cuatro países que se encuentran uno al lado del otro en el norte de África. Pueblos y ciudades salpican la costa mediterránea, donde animados mercados conviven con antiguas ruinas. Amplias zonas del norte de África son desiertos arenosos, con ricas reservas de petróleo.

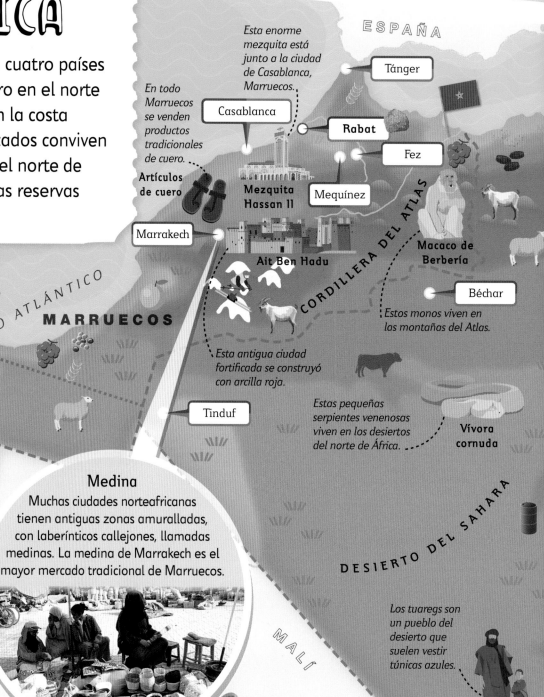

ESPAÑA

Esta enorme mezquita está junto a la ciudad de Casablanca, Marruecos.

Tánger

En todo Marruecos se venden productos tradicionales de cuero.

Casablanca

Rabat

Fez

Artículos de cuero

Mezquita Hassan ll

Mequínez

CORDILLERA DEL ATLAS

Marrakech

Ait Ben Hadu

Macaco de Berbería

ESCALA

0   200 km

Béchar

Estos monos viven en las montañas del Atlas.

OCÉANO ATLÁNTICO

MARRUECOS

Esta antigua ciudad fortificada se construyó con arcilla roja.

Salam!
¡Hola!

El Aaiún

Tinduf

Estas pequeñas serpientes venenosas viven en los desiertos del norte de África.

Víbora cornuda

Sahara Occidental

Medina

Muchas ciudades norteafricanas tienen antiguas zonas amuralladas, con laberínticos callejones, llamadas medinas. La medina de Marrakech es el mayor mercado tradicional de Marruecos.

DESIERTO DEL SAHARA

MALÍ

Los tuaregs son un pueblo del desierto que suelen vestir túnicas azules.

Khtek, rapera marroquí

MAURITANIA

Cocina norteafricana

El tayín es un guiso de carne y verduras típico del norte de África. El té a la menta es una refrescante bebida popular.

Tuaregs con túnicas azules

Hip-hop marroquí

El hip-hop es popular entre los jóvenes del norte de África. Mujeres raperas de Marruecos a menudo usan sus letras para exigir la igualdad para niñas y mujeres.

Té a la menta

Tayín

Hojas de menta

Hiena rayada

Estas hienas se encuentran en todo el norte de África. Viven en cuevas o excavan madrigueras y salen de noche en busca de comida.

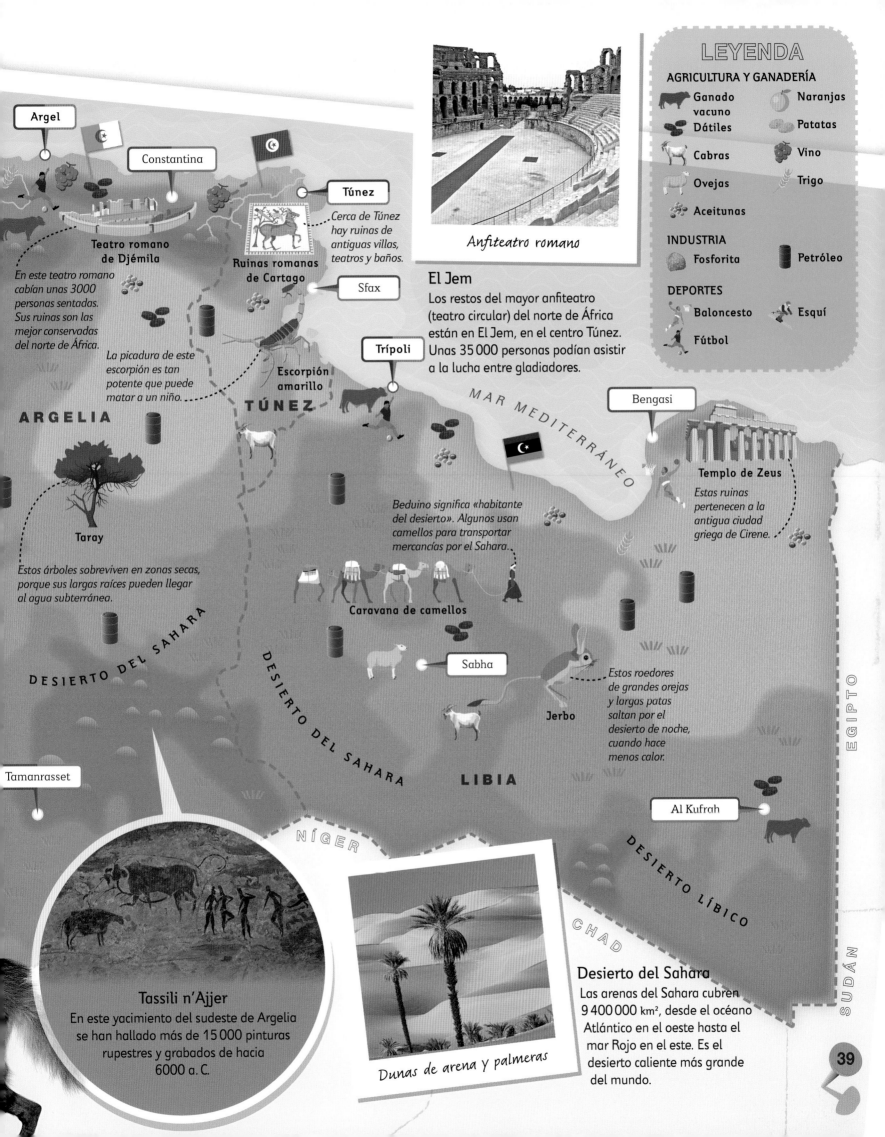

Argel

Constantina

Túnez

Cerca de Túnez hay ruinas de antiguas villas, teatros y baños.

Teatro romano de Djémila

En este teatro romano cabían unas 3000 personas sentadas. Sus ruinas son las mejor conservadas del norte de África.

Ruinas romanas de Cartago

Sfax

Trípoli

La picadura de este escorpión es tan potente que puede matar a un niño.

Escorpión amarillo

ARGELIA

TÚNEZ

Taray

Estos árboles sobreviven en zonas secas, porque sus largas raíces pueden llegar al agua subterránea.

Beduino significa «habitante del desierto». Algunos usan camellos para transportar mercancías por el Sahara.

Caravana de camellos

Sabha

Jerbo

Estos roedores de grandes orejas y largas patas saltan por el desierto de noche, cuando hace menos calor.

DESIERTO DEL SAHARA

DESIERTO DEL SAHARA

LIBIA

Tamanrasset

Al Kufrah

NÍGER

CHAD

DESIERTO LÍBICO

SUDÁN

EGIPTO

MAR MEDITERRÁNEO

Bengasi

Templo de Zeus

Estas ruinas pertenecen a la antigua ciudad griega de Cirene.

LEYENDA

AGRICULTURA Y GANADERÍA

Ganado vacuno — Naranjas
Dátiles — Patatas
Cabras — Vino
Ovejas — Trigo
Aceitunas

INDUSTRIA

Fosforita — Petróleo

DEPORTES

Baloncesto — Esquí
Fútbol

Anfiteatro romano

El Jem

Los restos del mayor anfiteatro (teatro circular) del norte de África están en El Jem, en el centro Túnez. Unas 35 000 personas podían asistir a la lucha entre gladiadores.

Tassili n'Ajjer

En este yacimiento del sudeste de Argelia se han hallado más de 15 000 pinturas rupestres y grabados de hacia 6000 a. C.

Dunas de arena y palmeras

Desierto del Sahara

Las arenas del Sahara cubren 9 400 000 km², desde el océano Atlántico en el oeste hasta el mar Rojo en el este. Es el desierto caliente más grande del mundo.

EGIPTO

Gran parte de Egipto se compone de desierto seco y arenoso, de forma que la mayoría de la gente vive a orillas del río Nilo. Este largo río es una fuente vital de agua para beber y regar. Hace miles de años, los faraones construyeron pirámides a lo largo del Nilo, algunas de las cuales siguen en pie.

Sarcófago

Los antiguos egipcios conservaban, o momificaban, los cuerpos. El cadáver, especialmente tratado, se envolvía en vendas y la momia era colocada dentro de un sarcófago decorado.

Pirámides

Estas enormes estructuras fueron construidas como tumbas de los faraones y faraonas egipcios. Las tres pirámides más famosas se encuentran en Guiza.

ESCALA

0   100 km   200 km

MAR MEDITERRÁNEO

Esta enorme estatua de arenisca tiene cuerpo de león y cabeza humana.

Port Said

Alejandría

Suez

El Cairo

Gran Esfinge

Guiza

DESIERTO OCCIDENTAL

LIBIA

N O E S

En el Nilo hay grandes cocodrilos, que cazan todo tipo de animales, desde peces hasta ganado.

Cocodrilo del Nilo

PENÍNSULA DEL SINAÍ

GOLFO DE SUEZ

DESIERTO ORIENTAL

MAR ROJO

ARABIA SAUDÍ

EGIPTO

Nawal El Saadawi

Escritora egipcia

Nawal El Saadawi fue una gran escritora egipcia que defendió los derechos de las niñas. Escribió muchas historias con personajes femeninos.

Algunos faraones se enterraron en tumbas en el Valle de los Reyes, cerca de Luxor.

Valle de los Reyes

Nilo

Luxor

Salam!
¡Hola!

Esta serpiente es una de las más venenosas en África. Una mordedura puede matar a una persona en minutos.

Los faluchos son barcos de vela y de madera que aún se usan en el Nilo.

Presa de Asuán

Esta presa, inaugurada en 1970, genera electricidad y controla las inundaciones.

Lago Nasser

Túnica de algodón

Cobra

Estos dos grandes templos eran lugares de culto en el Antiguo Egipto.

Grandes templos de Abu Simbel

Falucho

SUDÁN

Algodón

Las túnicas de algodón, frescas y cómodas, son una forma común de vestir en este país caluroso. El algodón egipcio es famoso por su alta calidad.

Camellos

En Egipto, los camellos se usan para transporte, porque pueden vivir en condiciones muy secas y recorrer largas distancias por el desierto.

Atún de aleta amarilla

Enormes atunes de aleta amarilla nadan en el océano Índico, frente a la costa de Kenia. Se capturan en grandes cantidades y se exportan a mercados de todo el mundo.

Atún de aleta amarilla

ERITREA

SUDÁN

SUDÁN DEL SUR

Iglesia de San Jorge

Tallada en roca maciza, es un importante lugar de peregrinación para la Iglesia ortodoxa de Etiopía.

YEMEN

YIBUTI

LEYENDA

AGRICULTURA Y GANADERÍA

Trigo   Cocos

Maíz   Ensete

Teff   Ganado vacuno

Café   Ovejas

Té   Cabras

ACTIVIDADES

Safari

Mekele

Lago Tana

Bahir Dar

Lalibela

Awash

Estos babuinos solo están en el macizo etíope.

Nilo Azul

Gelada

MACIZO ETÍOPE

Adís Abeba

ETIOPÍA

Dire Dawa

Comida etíope

Los etíopes comen mucha injera, una especie de pan esponjoso que forma parte de la mayoría de los platos. Se usa como cuchara o tenedor.

Omo

VALLE DEL RIFT

Hawassa

Salam!
¡Hola!

Shebelle

Injera

ESCALA

0   200 km

Cultivo de café

En Etiopía se prepara y sirve un café fuerte en una ceremonia especial.

SOMALIA

UGANDA

Bandadas de flamencos rosas se reúnen en los lagos de Kenia.

Lago Turkana

Flamenco enano

León

Grupos de leones recorren las llanuras de Kenia.

Muchos de los mejores corredores de larga distancia del mundo son de Kenia.

Los masáis

El pueblo masái vive en el sur de Kenia y norte de Tanzania. Estos atletas están desayunando antes de competir en las Olimpiadas masái.

KENIA

Las rosas y otras flores cultivadas en Kenia se exportan a Europa.

Rosas

Nakuru

Lago Victoria

Corredores de larga distancia

Tana

A las jirafas les gusta masticar las hojas de este árbol espinoso.

N O E S

Nairobi

Galana

Acacia

Atletas masái

OCÉANO ÍNDICO

Hotel de jirafas

Las jirafas recorren los terrenos de este hotel, donde se cuidan especies en peligro de extinción. Asoman la cabeza por las ventanas para recibir golosinas.

TANZANIA

Mombasa

Jambo!
¡Hola!

ETIOPÍA Y KENIA

Algunos de los paisajes más impactantes de África se hallan en Etiopía y Kenia. Altas montañas dominan Etiopía, donde se cultiva café. En las llanuras de Kenia vive una gran variedad de fauna, incluidos leones, elefantes, cebras y jirafas.

NIGERIA

En Nigeria viven unos 206 millones de personas, más que en ningún otro país africano. Cada uno de sus muchos grupos tribales tiene sus propias tradiciones, artesanía y música. Es el mayor productor de petróleo de África y posee varias plataformas petrolíferas en el golfo de Guinea.

Los yoruba

El pueblo yoruba es uno de los grandes grupos tribales de Nigeria. Su vestido tradicional incluye coloridas telas estampadas y brazaletes de marfil bellamente tallados.

Brazalete de marfil

Telas yoruba

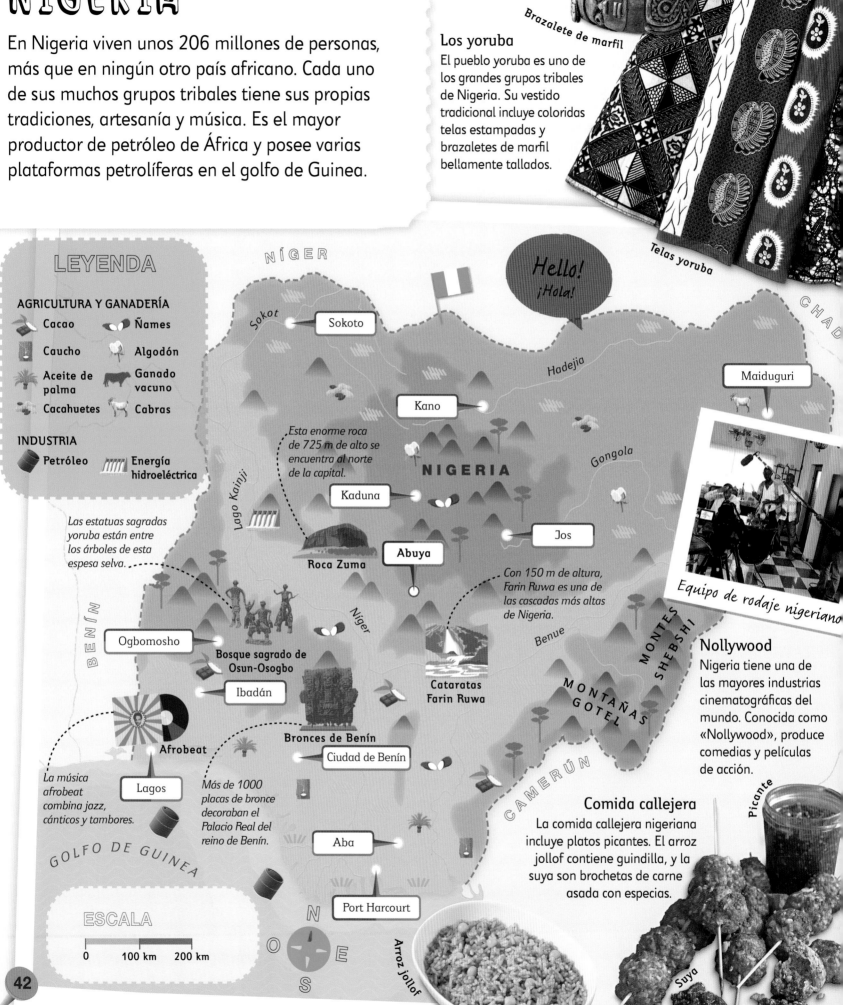

LEYENDA

AGRICULTURA Y GANADERÍA

- Cacao
- Ñames
- Caucho
- Algodón
- Aceite de palma
- Ganado vacuno
- Cacahuetes
- Cabras

INDUSTRIA

- Petróleo
- Energía hidroeléctrica

NÍGER

Sokot

Sokoto

Hello!
¡Hola!

Hadejia

Kano

Maiduguri

CHAD

Esta enorme roca de 725 m de alto se encuentra al norte de la capital.

Lago Kainji

Gongola

NIGERIA

Kaduna

Jos

Abuya

Roca Zuma

Con 150 m de altura, Farin Ruwa es una de las cascadas más altas de Nigeria.

Las estatuas sagradas yoruba están entre los árboles de esta espesa selva.

Níger

Benue

MONTES SHEBSHI

MONTAÑAS GOTEL

Ogbomosho

Bosque sagrado de Osun-Osogbo

Cataratas Farin Ruwa

Ibadán

Afrobeat

Bronces de Benín

Ciudad de Benín

La música afrobeat combina jazz, cánticos y tambores.

Lagos

Más de 1000 placas de bronce decoraban el Palacio Real del reino de Benín.

Aba

GOLFO DE GUINEA

CAMERÚN

BENÍN

Port Harcourt

ESCALA

0   100 km   200 km

N
O   E
S

Arroz jollof

Equipo de rodaje nigeriano

Nollywood

Nigeria tiene una de las mayores industrias cinematográficas del mundo. Conocida como «Nollywood», produce comedias y películas de acción.

Comida callejera

La comida callejera nigeriana incluye platos picantes. El arroz jollof contiene guindilla, y la suya son brochetas de carne asada con especias.

Picante

Suya

GHANA Y COSTA DE MARFIL

A Ghana se la llamaba Costa de Oro por lo abundante de este metal. El nombre de Costa de Marfil se debe a sus manadas de elefantes, animal que es su símbolo nacional. Hoy ambos países cultivan cacao, con el que se elaboran los mejores chocolates del mundo.

Plátano macho y okra
En las tierras fértiles de África Occidental se cultivan productos como los plátanos macho, una especie de banana para guisar, y okra, una verdura larga y delgada que crece en una planta de grandes flores blancas.

Plátano macho

LEYENDA

AGRICULTURA Y GANADERÍA
Café — Maíz
Cacao — Cocos
Plátanos — Ñames
Piñas — Mandioca
Caucho — Ganado vacuno
Aceite de palma — Cabras
Arroz

INDUSTRIA
Hierro — Petróleo
Oro — Gas natural
Bauxita — Diamantes

ESCALA
0 — 100 km

Okra

N O E S

COSTA DE MARFIL

Bonjour! ¡Hola!

Odienné

Bandama

Komoé

Este elefante solo vive en la selva de África Occidental y Central.

Volta Blanco

Hello! ¡Hola!

Elefante africano de selva

Tamale

Katiola

Esta basílica es una de las iglesias más grandes del mundo.

Volta Negro

Oti

Lago Kossou

Daloa

Nuestra Señora de la Paz

Yamusukro

Bondoukou

GHANA

En el sur de Ghana se celebran ceremonias de la religión vudú.

Ceremonia vudú

Kumasi

Lago Volta

TOGO

En esta zona protegida viven hipopótamos pigmeos.

Sassandra

Parque Nacional de Tai

Abobo

Fútbol

El deporte más popular de Costa de Marfil es el fútbol.

Abiyán

Colorida tela de seda y algodón.

Tejido Kente

Mausoleo de Kwame Nkrumah

Volta

Acra

Nkrumah llevó al país a la independencia en 1957.

Sekondi-Takoradi

GOLFO DE GUINEA

Atún

En el golfo de Guinea se pescan muchos atunes.

LIBERIA

GUINEA

Acra
Es la bulliciosa capital de Ghana. Parte de la ciudad se encuentra sobre un acantilado.

Hipopótamo pigmeo
Este pequeño hipopótamo vive en bosques y pantanos de África Occidental. Como es nocturno, rara vez se le ve.

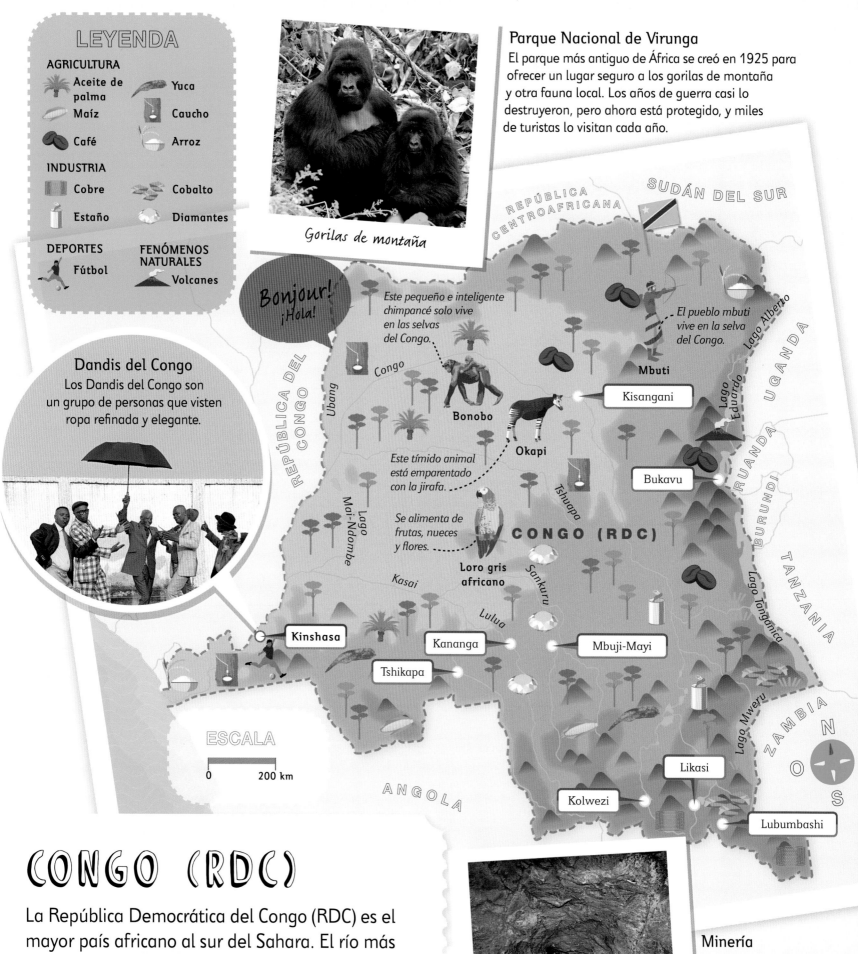

LEYENDA

AGRICULTURA
- Aceite de palma
- Maíz
- Café
- Yuca
- Caucho
- Arroz

INDUSTRIA
- Cobre
- Estaño
- Cobalto
- Diamantes

DEPORTES
- Fútbol

FENÓMENOS NATURALES
- Volcanes

Parque Nacional de Virunga

El parque más antiguo de África se creó en 1925 para ofrecer un lugar seguro a los gorilas de montaña y otra fauna local. Los años de guerra casi lo destruyeron, pero ahora está protegido, y miles de turistas lo visitan cada año.

Gorilas de montaña

Dandis del Congo

Los Dandis del Congo son un grupo de personas que visten ropa refinada y elegante.

Bonjour! ¡Hola!

Este pequeño e inteligente chimpancé solo vive en las selvas del Congo.

El pueblo mbuti vive en la selva del Congo.

Este tímido animal está emparentado con la jirafa.

Se alimenta de frutas, nueces y flores.

Bonobo

Okapi

Loro gris africano

Mbuti

CONGO (RDC)

REPÚBLICA CENTROAFRICANA

SUDÁN DEL SUR

UGANDA

RUANDA

BURUNDI

TANZANIA

ZAMBIA

ANGOLA

REPÚBLICA DEL CONGO

Congo

Ubang

Lago Mai-Ndombe

Kasai

Lulua

Sankuru

Tshuapa

Lago Alberto

Lago Eduardo

Lago Tanganica

Lago Mweru

Kisangani

Bukavu

Kinshasa

Kananga

Tshikapa

Mbuji-Mayi

Likasi

Kolwezi

Lubumbashi

ESCALA

0   200 km

N O E S

CONGO (RDC)

La República Democrática del Congo (RDC) es el mayor país africano al sur del Sahara. El río más profundo del mundo, el Congo, atraviesa el país y algunos grandes lagos de África se hallan en su frontera oriental. La selva congoleña es la segunda mayor del mundo.

Minería

El Congo es rico en minerales, entre ellos el cobalto que, desde antiguo, se usa en pintura como azul intenso. También se emplea en medicina, baterías y equipos electrónicos.

Mina de cobalto

ZAMBIA Y ZIMBABUE

Zambia y Zimbabue son conocidos por sus espectaculares paisajes y su abundante fauna. El cuarto río más largo de África, el Zambeze, fluye por Zambia y sigue la frontera con Zimbabue en su viaje hacia el Índico.

Toco piquigualdo sureño
Esta ave recoge insectos, arañas y escorpiones del suelo con su gran pico. Como pasa las noches en árboles, evita los depredadores.

TANZANIA

CONGO (RDC)

Lago Mweru

Lago Tanganica

El nshima, unas gachas de maíz, acompaña carne o verduras.

Nshima

Lago Bangweulu

Luangwa

MALAUI

Se hacen safaris a pie para acercarse a la fauna salvaje.

ESCALA

0 — 200 km

Chingola

Ndola

ZAMBIA

Safari a pie

N O E S

Muli shani!
¡Hola!

Zambeze

Kafue

Kabwe

Leopardo

Los leopardos cazan de noche y suben a sus presas a los árboles para comérselas.

Lusaka

Zambeze

Mhoro!
¡Hola!

En este museo hay una gran colección de locomotoras de vapor y carruajes antiguos.

Lago Kariba

Harare

MOZAMBIQUE

ANGOLA

Museo ferroviario

Livingstone

Cataratas Victoria

ZIMBABUE

Chitungwiza

Gweru

En Zimbabue hay formaciones rocosas naturales como esta.

Rocas equilibradas

Estas ruinas son los restos de una antigua ciudad.

BOTSUANA

LEYENDA

AGRICULTURA
- Maíz
- Yuca
- Boniatos
- Mijo
- Cacahuetes
- Rosas
- Soja
- Algodón

INDUSTRIA
- Carbón
- Cromo
- Cobre
- Platino
- Níquel
- Energía hidroeléctrica

ACTIVIDADES
- Fútbol
- Críquet
- Descenso de aguas bravas
- Safari

Bulawayo

Cataratas Victoria
La mayor cascada del mundo, tiene 108 m de altura y 1708 m de ancho. Se la conoce localmente como Mosi-oa-Tunya, «humo que truena».

El rinoceronte está en peligro de extinción.

Gran Zimbabue

Yuca

Rinoceronte negro

Boniato

Tubérculos
Aquí, la yuca y los boniatos son una parte esencial de la dieta. La yuca puede cocinarse o convertirse en harina, que se utiliza para hacer pan. Los boniatos suelen hervirse o asarse.

SUDÁFRICA

Sudáfrica tiene muchas y variadas culturas, y hasta 11 idiomas oficiales y 3 capitales. El paisaje es igualmente variado, desde bosques hasta desiertos, mientras que a lo largo del extenso litoral se puede disfrutar de maravillosas playas.

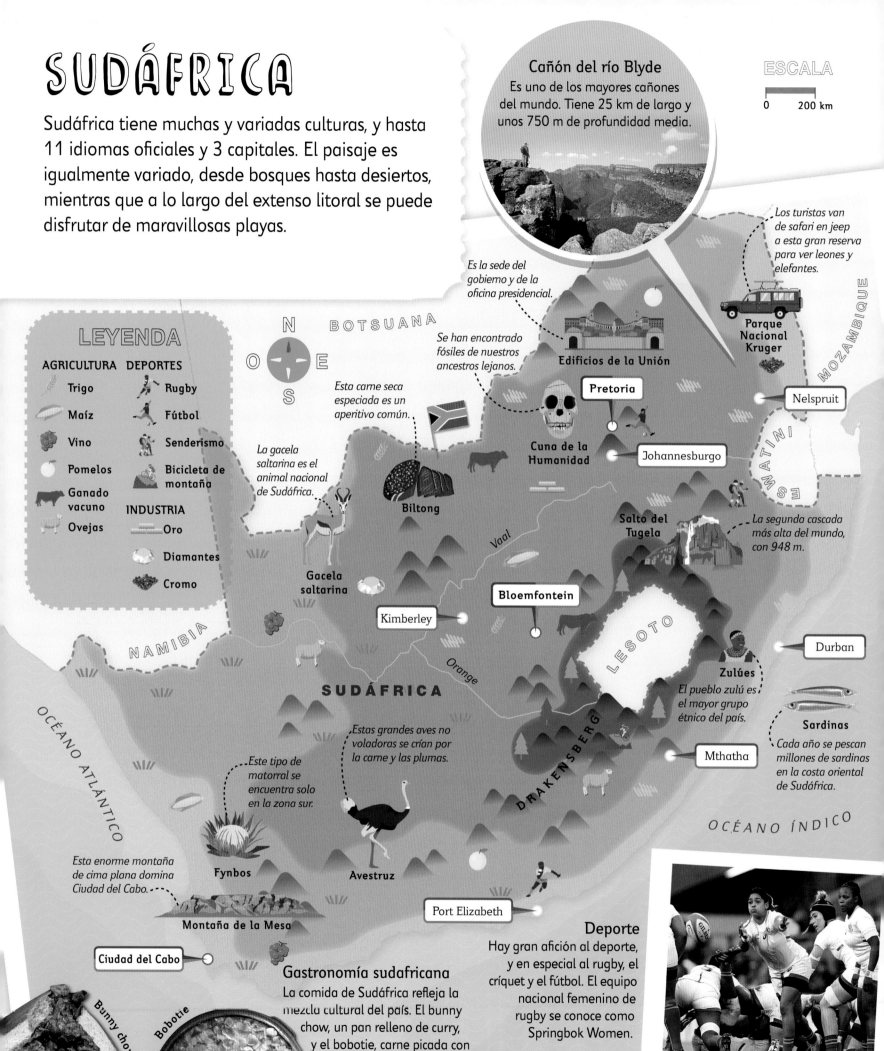

Cañón del río Blyde
Es uno de los mayores cañones del mundo. Tiene 25 km de largo y unos 750 m de profundidad media.

ESCALA

0   200 km

Los turistas van de safari en jeep a esta gran reserva para ver leones y elefantes.

Parque Nacional Kruger

Es la sede del gobierno y de la oficina presidencial.

Se han encontrado fósiles de nuestros ancestros lejanos.

BOTSUANA

MOZAMBIQUE

LEYENDA

AGRICULTURA
- Trigo
- Maíz
- Vino
- Pomelos
- Ganado vacuno
- Ovejas

DEPORTES
- Rugby
- Fútbol
- Senderismo
- Bicicleta de montaña

INDUSTRIA
- Oro
- Diamantes
- Cromo

Esta carne seca especiada es un aperitivo común.

La gacela saltarina es el animal nacional de Sudáfrica.

Edificios de la Unión

Pretoria

Nelspruit

Cuna de la Humanidad

Johannesburgo

ESWATINI

Biltong

Gacela saltarina

Vaal

Salto del Tugela

La segunda cascada más alta del mundo, con 948 m.

NAMIBIA

Kimberley

Bloemfontein

LESOTO

Durban

Orange

Zulúes

El pueblo zulú es el mayor grupo étnico del país.

SUDÁFRICA

Estas grandes aves no voladoras se crían por la carne y las plumas.

Mthatha

Sardinas

Cada año se pescan millones de sardinas en la costa oriental de Sudáfrica.

Este tipo de matorral se encuentra solo en la zona sur.

DRAKENSBERG

OCÉANO ATLÁNTICO

Avestruz

OCÉANO ÍNDICO

Esta enorme montaña de cima plana domina Ciudad del Cabo.

Fynbos

Port Elizabeth

Montaña de la Mesa

Ciudad del Cabo

Gastronomía sudafricana
La comida de Sudáfrica refleja la mezcla cultural del país. El bunny chow, un pan relleno de curry, y el bobotie, carne picada con huevo, son muy populares.

Bunny chow

Bobotie

Deporte
Hay gran afición al deporte, y en especial al rugby, el críquet y el fútbol. El equipo nacional femenino de rugby se conoce como Springbok Women.

Selección femenina de rugby

LEYENDA

AGRICULTURA Y GANADERÍA

- Arroz
- Maíz
- Café
- Vainilla
- Cacao
- Yuca
- Boniatos
- Ganado vacuno
- Gambas

INDUSTRIA

- Zafiros
- Grafito
- Carbón

NATURALEZA

- Arrecifes de coral

ESCALA

0   200 km

Lémures

Solo hay lémures en libertad en Madagascar. Algunas especies solo pesan unos 30 g y otras hasta 9 kg.

Lémur de cola anillada

Dos tercios de las especies de camaleones viven en Madagascar.

Camaleón

Solo quedan unos cientos de ejemplares de esta tortuga.

Con esta flor se hacen medicinas contra el cáncer.

Bígaro rosado

Mahajanga

Tortuga de arado

Betsiboka

MADAGASCAR

Lago Alaotra

Antananarivo

Selva de Andasibe

Árbol nacional de Madagascar, la isla tiene seis especies distintas de baobab.

MACIZO DEL ANKARATRA

Los turistas visitan esta selva para observar su flora y fauna.

Toamasin

Baobab

Antsirabe

CANAL DE MOZAMBIQUE

Mangoky

Fianarantsoa

Toliara

N O E S

Orquídea de vainilla

OCÉANO ÍNDICO

Residencia de verano de la reina

Ambohimanga

Este complejo real se halla en lo alto de una colina al noreste de la capital, Antananarivo. Se compone de varios palacios y tumbas de la antigua familia real y de edificios religiosos.

Rana tomate

Esta rana de color rojo brillante se hincha hasta parecer un tomate, ahuyentando así a los atacantes.

MADAGASCAR

Madagascar es la cuarta isla más grande del mundo. Aislada del resto de África, tiene muchos animales y plantas que no se encuentran en otros lugares del planeta. Entre ellos están los lémures y algunos otros mamíferos salvajes, además de coloridas ranas y aves, y unos 900 tipos de orquídeas.

Vainas

Vainilla de Madagascar

La vainilla se utiliza para aromatizar helados, chocolate y natillas y se emplea en perfumería. Se extrae de las vainas de un tipo de orquídea. Algunas de las mejores vainillas proceden de Madagascar.

47

MARAVILLAS NATURALES

Nuestro planeta está lleno de maravillosos lugares con características naturales que forman parte del paisaje que nos rodea. En el mundo hay exuberantes selvas tropicales, coloridos arrecifes de coral, montañas escarpadas, volcanes humeantes y altas cascadas. Además, bajo la superficie de la Tierra se encuentran oscuras cuevas, desde pequeñas grutas a enormes cavernas.

MAYOR SELVA TROPICAL

La mayor selva tropical del mundo es el Amazonas, en Sudamérica. Cubre casi la mitad del continente.

Siete maravillas naturales

Las siete maravillas naturales del mundo son lugares con accidentes geográficos naturales espectaculares. Estos sitios son los preferidos por los turistas.

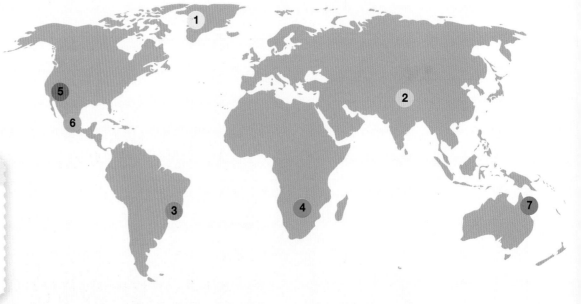

1. AURORAS BOREALES

Cerca del círculo polar ártico, pueden verse en el cielo nocturno sorprendentes efectos luminosos conocidos como auroras boreales.

2. MONTE EVEREST

La montaña más alta del mundo está en la frontera entre Nepal y China. La cima del Everest tiene forma de una pirámide.

4. CATARATAS VICTORIA

Entre Zambia y Zimbabue se hallan las cataratas Victoria. Las aguas del río Zambeze se precipitan desde las alturas con gran estruendo.

6. VOLCÁN PARICUTÍN

Este volcán surgió y entró en erupción en el campo de maíz de un campesino de México en 1943. Hoy en día está inactivo y se puede escalar.

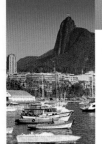

3. PUERTO DE RÍO DE JANEIRO

Aquí se produce el encuentro de las montañas brasileñas con el océano Atlántico. El Pan de Azúcar se halla a la entrada de la bahía.

5. GRAN CAÑÓN

En Arizona, Estados Unidos, el río Colorado ha formado un enorme y majestuoso cañón, uno de los más espectaculares del mundo.

7. GRAN BARRERA DE CORAL

El mayor arrecife de coral del mundo se halla frente a la costa oriental de Australia. Aquí viven el coral y miles de tipos de peces.

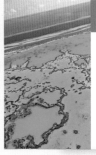

Las cuevas más profundas

Las cuevas son espacios subterráneos. Se forman cuando el agua desgasta algunos tipos de suelos. Esta ilustración muestra las más profundas del mundo.

La cueva más larga es Mammoth Cave, en Kentucky, Estados Unidos. Mide 651,8 km de longitud.

Réseau
Jean Bernard,
Alpes franceses
1602 m

Vogelschacht
y Lamprechtsofen,
Austria
1632 m

Gouffre
Mirolda, Francia
1733 m

Illuzia-Snezhnaja-
Mezhonnogo, Georgia
1753 m

Cueva Krubera-Voronja,
Georgia
2191 m

Cascadas más altas

Las cascadas son caídas pronunciadas de corrientes de agua. Se forman cuando los arroyos o ríos que fluyen sobre diferentes suelos desgastan la roca más blanda y se crean grandes desniveles. Las cinco siguientes son de las más altas del mundo.

Salto Ángel,
Venezuela
979 m

Salto del Tugela,
Sudáfrica
948 m

Cascada Browne,
Nueva Zelanda
836 m

Catarata
Ramnefjells,
Noruega
818 m

Cataratas
Gocta,
Perú
771 m

Cinco mayores desiertos

Los desiertos son zonas con muy poca lluvia. Están en regiones cálidas y secas del planeta, y también en zonas frías y secas, como alrededor de los polos norte y sur. Esta ilustración muestra los desiertos más extensos del mundo.

**DESIERTO
ANTÁRTICO**
14,8 millones de km²

**DESIERTO
DEL SAHARA**
9 millones de km²

**DESIERTO
DE ARABIA**
2,3 millones de km²

**DESIERTO
DEL KALAHARI**
0,9 millones de km²

**DESIERTO
DE GOBI**
13 millones de km²

EUROPA

Con muchas culturas e idiomas únicos, Europa es un continente diverso y activo. Tiene ricas tradiciones de música, literatura, arte, deporte y gastronomía. El continente cuenta con castillos y catedrales y hermosos pueblos y ciudades históricos.

8. ¿Dónde verás bailaoras de flamenco?

7. ¿Qué río cruza este puente?

5. ¿En qué país se fabrican los coches de la marca Skoda?

6. ¿Qué país produce más de 400 tipos de queso?

Encontrarás todas las respuestas y más preguntas en las páginas 120-121.

EUROPA

El paisaje de Europa está lleno de contrastes. Incluye elevadas cordilleras, densos bosques, playas arenosas y grandes extensiones de tierras de cultivo llanas y fértiles. Los países varían de tamaño, desde el diminuto Liechtenstein hasta Rusia, el país más grande del mundo.

Bosques del norte de Europa
Los bosques de pinos de los países nórdicos como Noruega, Suecia y Finlandia son una importante fuente de madera.

ISLANDIA

OCÉANO ATLÁNTICO

París
París, la capital de Francia, es una ciudad elegante que mezcla estilos arquitectónicos antiguos y nuevos de forma natural. En su centro está la Torre Eiffel, una de las estructuras más famosas del mundo.

Mar Mediterráneo
Los países que rodean las cálidas aguas del mar Mediterráneo disfrutan de veranos cálidos y secos y de inviernos suaves. Miles de turistas acuden cada año a sus soleadas playas.

Islas Feroe

Islas Shetland

MAR DE NORUEGA

NORUEGA

MAR DEL NORTE

DINAMARCA

IRLANDA

Isla de Man

REINO UNIDO

PAÍSES BAJOS

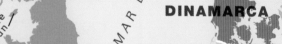

Islas del Canal

BÉLGICA

ALEMANIA

LUXEMBURGO

CHEQU (REPÚBLI CHEC

Azores

GOLFO DE VIZCAYA

FRANCIA

LIECHTENSTEIN

SUIZA

AUST

ESLOV

SAN MARINO

MAR ADR

ANDORRA

MÓNACO

CR

PORTUGAL

ESPAÑA

Córcega

ITALIA

CIUDAD DEL VATICANO

Mallorca
Menorca
Ibiza

Cerdeña

MAR TIRRENO

Islas Baleares

Gibraltar

MAR MEDITERRÁNEO

Madeira

Sicilia

M

ESCALA

0   500 km

FINLANDIA

GOLFO DE BOTNIA

MAR BÁLTICO

ESTONIA

LETONIA

LITUANIA

RUSIA
(KALININGRADO)

BIELORRUSIA

OLONIA

VAQUIA

UNGRÍA

MOLDAVIA

RUMANÍA

SERBIA

BULGARIA

KOSOVO
(Disputado)

MACEDONIA
DEL NORTE

ALBANIA

TURQUÍA

MAR
EGEO

GRECIA

MAR
ÓNICO

Creta

UCRANIA

RUSIA
(Rusia europea)

Crimea
(Anexionado
por Rusia)

MAR NEGRO

MAR CASPIO

Alpes
Los 1200 km de esta cadena montañosa
atraviesan el corazón de Europa y pasan
por Francia, Mónaco, Italia, Alemania,
Austria, Suiza, Liechtenstein y Eslovenia.
El pico más alto es el Mont Blanc, con
4810 m de altura.

N
O   E
S

Catedral de San Basilio
Este espectacular edificio es el punto
focal de la Plaza Roja de Moscú,
Rusia. Se construyó en el siglo XVI y es
famosa por sus singulares cúpulas de
colores brillantes en forma de cebolla.
Es un museo desde 1928.

NORTE DE EUROPA

La población de los países del norte de Europa es relativamente reducida; la mayoría de las personas viven en áreas urbanas. Amplias zonas de campo abierto cubren el territorio. Los veranos son en general cálidos, pero los inviernos son muy fríos, con luz diurna limitada en el extremo norte.

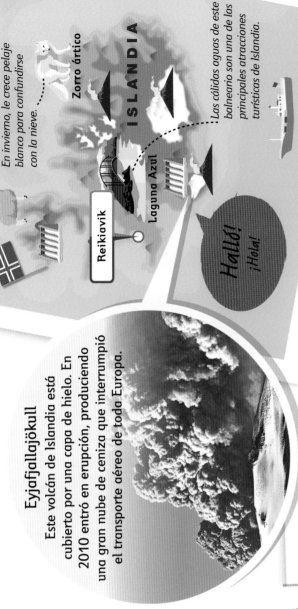

Eyjafjallajökull
Este volcán de Islandia está cubierto por una capa de hielo. En 2010 entró en erupción, produciendo una gran nube de ceniza que interrumpió el transporte aéreo de toda Europa.

ISLANDIA

Zorro ártico
En invierno, le crece pelaje blanco para confundirse con la nieve.

Reikiavik

Laguna Azul
Las cálidas aguas de este balneario son una de las principales atracciones turísticas de Islandia.

¡Halló!
¡Hola!

Sami en traje tradicional

Laponia
En esta región nevada del norte de Noruega, Suecia y Finlandia vive el pueblo sami. Algunos de sus miembros crían renos y viajan en trineo.

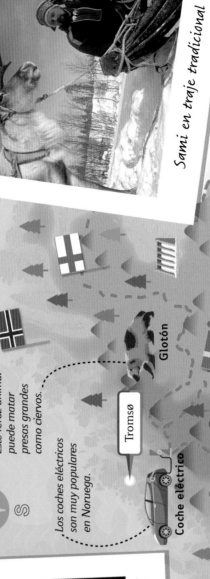

N O E S

Los coches eléctricos son muy populares en Noruega.

Coche eléctrico

Tromsø

Este feroz animal puede matar presas grandes como ciervos.

Glotón

El alce es el mayor ciervo del mundo y vive en los bosques del norte.

Alce

Parque Nac. de Abisko

Kiruna
En este parque está Trollsjön, el lago de aguas más claras de toda Suecia.

Este felino salvaje vive en los bosques, donde caza ciervos y otros animales.

Lince

Pendolino de Alstom
Este tren de alta velocidad se inclina en las curvas.

Oulu

ESCALA
0   100 km

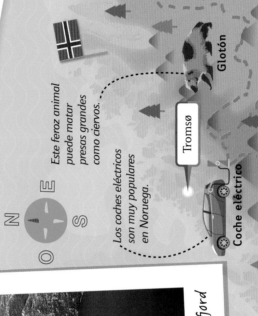

Preikestolen con vistas a Lysefjord

Fiordos noruegos
En la costa de Noruega hay cientos de fiordos con escarpados acantilados a cada lado. Preikestolen se eleva 604 m por encima de las aguas de Lysefjord.

MAR DE NORUEGA

Arenque
El arenque es conocido como la «plata del mar» por su color y su valor económico.

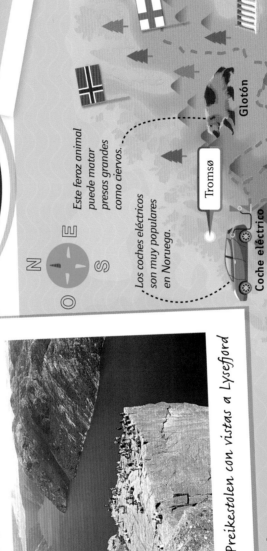

LEYENDA

AGRICULTURA Y GANADERÍA
- Ovejas
- Ganado vacuno
- Patatas
- Centeno
- Trigo
- Remolacha azucarera
- Cebada
- Cerdos

DEPORTES
- Hockey sobre hielo
- Fútbol
- Esquí de fondo

INDUSTRIA
- Madera
- Barcos
- Energía hidroeléctrica
- Gas natural
- Petróleo
- Pesca
- Energía eólica
- Hierro
- Electrónica

FENÓMENOS NATURALES
- Volcanes

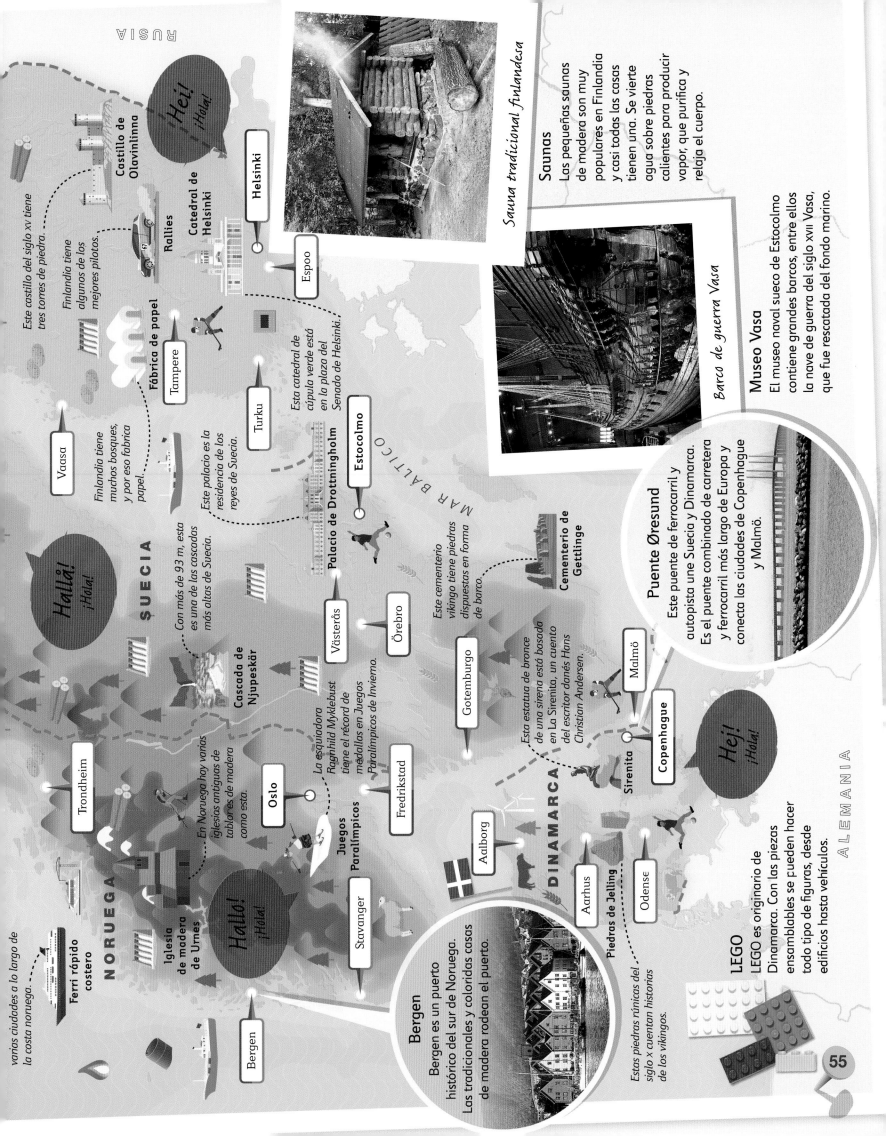

RUSIA

Castillo de Olavinlinna

Este castillo del siglo XV tiene tres torres de piedra.

Finlandia tiene algunos de los mejores pilotos.

Rallies

Catedral de Helsinki

Helsinki

Espoo

Esta catedral de cúpula verde está en la plaza del Senado de Helsinki.

Fábrica de papel

Tampere

Finlandia tiene muchos bosques, y por eso fabrica papel.

Vaasa

Turku

Este palacio es la residencia de los reyes de Suecia.

Estocolmo

Palacio de Drottningholm

MAR BÁLTICO

Sauna tradicional finlandesa

Saunas

Las pequeñas saunas de madera son muy populares en Finlandia y casi todas las casas tienen una. Se vierte agua sobre piedras calientes para producir vapor, que purifica y relaja el cuerpo.

Barco de guerra Vasa

Museo Vasa

El museo naval sueco de Estocolmo contiene grandes barcos, entre ellos la nave de guerra del siglo XVII Vasa, que fue rescatada del fondo marino.

Puente Øresund

Este puente de ferrocarril y autopista une Suecia y Dinamarca. Es el puente combinado de carretera y ferrocarril más largo de Europa y conecta las ciudades de Copenhague y Malmö.

SUECIA

Con más de 93 m, esta es una de las cascadas más altas de Suecia.

Cascada de Njupeskär

En Noruega hay varias iglesias antiguas de tablones de madera como esta.

Västerås

Örebro

Cementerio de Gettlinge

Este cementerio vikingo tiene piedras dispuestas en forma de barco.

La esquiadora Ragnhild Mykleb ust tiene el récord de medallas en Juegos Paralímpicos de Invierno.

Oslo

Gotemburgo

Esta estatua de bronce de una sirena está basada en La Sirenita, un cuento del escritor danés Hans Christian Andersen.

Malmö

Trondheim

Fredrikstad

Copenhague

Sirenita

Juegos Paralímpicos

DINAMARCA

Aalborg

NORUEGA

Iglesia de madera de Urnes

Stavanger

Bergen

Bergen

Bergen es un puerto histórico del sur de Noruega. Las tradicionales y coloridas casas de madera rodean el puerto.

Aarhus

Piedras de Jelling

Odense

Estas piedras rúnicas del siglo X cuentan historias de los vikingos.

varias ciudades a lo largo de la costa noruega.

Ferri rápido costero

LEGO

LEGO es originario de Dinamarca. Con las piezas ensamblables se pueden hacer todo tipo de figuras, desde edificios hasta vehículos.

ALEMANIA

55

ISLAS BRITÁNICAS

Las islas Británicas son un grupo de islas frente a la costa noroeste de Europa. Formadas por el Reino Unido (Inglaterra, Escocia, Gales e Irlanda del Norte) e Irlanda, comparten una historia variada. El clima está influido por el mar y llueve a menudo. Irlanda es conocida como la «isla Esmeralda», por el color verde de su paisaje gracias a la abundante lluvia.

Tradiciones escocesas

En grandes ocasiones, algunos hombres escoceses llevan kilts (faldas escocesas), realizados con telas de lana de colores siguiendo un patrón determinado llamado tartán. Cada clan tiene su propio tartán. También tocan la gaita.

Traje tradicional escocés

Comida y bebida

El *fish and chips* (pescado y patatas fritas) es una comida muy popular. El té, una bebida muy extendida, se suele tomar con leche.

Fish and chips

Té

Islas Shetland

Islas Orcadas

Escritor inglés

William Shakespeare es uno de los grandes escritores del mundo. Nació en Stratford-upon-Avon, Inglaterra, en 1564, y escribió numerosos poemas y obras de teatro que aún se representan.

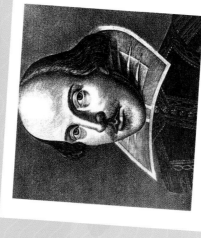

William Shakespeare

La mayoría de las ardillas rojas del Reino Unido viven en los bosques de pinos de Escocia.

Aberdeen

Este popular deporte surgió en Escocia.

Ardilla roja

Golf

MONTES GRAMPIANOS

Inverness

E s c o c i a

Clyde

Glasgow

Esta antigua fortaleza está construida sobre una roca prominente de la ciudad de Edimburgo.

Castillo de Edimburgo

Edimburgo

Las alas de esta enorme escultura de acero miden 54 m de ancho.

Ángel del Norte

Newcastle-upon-Tyne

Islas Hébridas Interiores

Islas Hébridas Exteriores

O C É A N O A T L Á N T I C O

N E O S

Esta formación rocosa única se compone de columnas hexagonales formadas tras una erupción volcánica.

Calzada del Gigante

I r l a n d a

Belfast

LEYENDA

AGRICULTURA Y GANADERÍA
- Trigo
- Fruta
- Patatas
- Ovejas
- Mariscos
- Ganado vacuno
- Vino
- Queso

INDUSTRIA
- Coches
- Pesca

RECURSOS
- Petróleo
- Gas
- Acero

ACTIVIDADES
- Fútbol
- Escalada
- Senderismo
- Surf
- Críquet

ESCALA

0 — 100 km

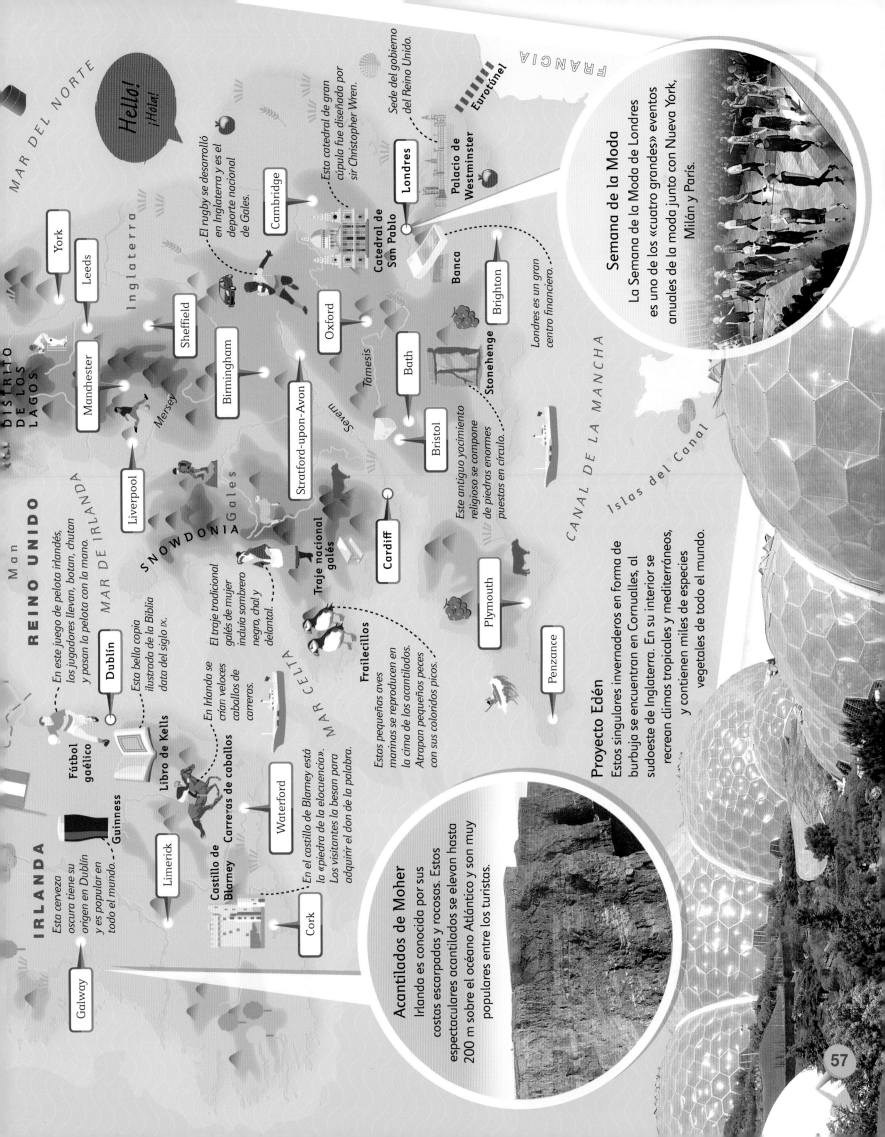

MAR DEL NORTE

FRANCIA

Hello!
¡Hola!

DISTRITO DE LOS LAGOS

Inglaterra

York

Leeds

Sheffield

Manchester

Birmingham

Cambridge

El rugby se desarrolló en Inglaterra y es el deporte nacional de Gales.

Oxford

Esta catedral de gran cúpula fue diseñada por sir Christopher Wren.

Catedral de San Pablo

Londres

Palacio de Westminster

Sede del gobierno del Reino Unido.

Eurotúnel

Támesis

Bath

Stonehenge

Brighton

Banca

Londres es un gran centro financiero.

Mersey

Liverpool

Snowdonia

Gales

Severn

Stratford-upon-Avon

Bristol

Este antiguo yacimiento religioso se compone de piedras enormes puestas en círculo.

REINO UNIDO

Man

MAR DE IRLANDA

En este juego de pelota irlandés, los jugadores llevan, botan, chutan y pasan la pelota con la mano.

Dublín

Esta bella copia ilustrada de la Biblia data del siglo IX.

Fútbol gaélico

Libro de Kells

El traje tradicional galés de mujer incluía sombrero negro, chal y delantal.

Traje nacional galés

Cardiff

En Irlanda se crían veloces caballos de carreras.

Carreras de caballos

MAR CELTA

Estas pequeñas aves marinas se reproducen en la cima de los acantilados. Atrapan pequeños peces con sus coloridos picos.

Frailecillos

En el castillo de Blarney está la «piedra de la elocuencia». Los visitantes la besan para adquirir el don de la palabra.

IRLANDA

Esta cerveza oscura tiene su origen en Dublín y es popular en todo el mundo.

Guinness

Galway

Limerick

Castillo de Blarney

Waterford

Cork

Plymouth

Penzance

CANAL DE LA MANCHA

Islas del Canal

Acantilados de Moher

Irlanda es conocida por sus costas escarpadas y rocosas. Estos espectaculares acantilados se elevan hasta 200 m sobre el océano Atlántico y son muy populares entre los turistas.

Proyecto Edén

Estos singulares invernaderos en forma de burbuja se encuentran en Cornualles, al sudoeste de Inglaterra. En su interior se recrean climas tropicales y mediterráneos, y contienen miles de especies vegetales de todo el mundo.

Semana de la Moda

La Semana de la Moda de Londres es uno de los «cuatro grandes» eventos anuales de la moda junto con Nueva York, Milán y París.

FRANCIA

Francia se conoce por su gastronomía, sus vinos y sus atractivos paisajes. La mayoría de los franceses viven en zonas urbanas. Es un país industrializado que cuenta con una de las redes de ferrocarril más rápidas, el TGV. Las artes, como la pintura, y el deporte, sobre todo el ciclismo, son muy populares.

Nenúfares, Monet

Arte
Millones de personas visitan los museos franceses cada año para admirar las obras de artistas como Claude Monet o Auguste Rodin.

Castillos del Loira
El valle del Loira es famoso por sus 42 castillos o palacios. El castillo de Chenonceau se halla sobre una hilera de arcos que cruzan el río Cher.

Queso y vino
En Francia se elaboran más de 400 quesos. Cada zona tiene su propia variedad, desde quesos blandos, como el Camembert, hasta los duros e incluso los azules. También produce algunos de los mejores vinos del mundo. En el sur se cultiva girasol, de cuyas semillas se obtiene aceite.

Girasol

Queso Camembert

Uvas

58

REINO UNIDO

Eurotúnel

Calc

CANAL DE LA MANCHA

Este tapiz medieval muestra la historia de la conquista normanda de Inglaterra en 1066.

Rouen

Tapiz de Bayeux

El Havre

Torre Eiffel

Sena

Se llega andando a la abadía y las casas de la isla durante la marea baja.

Mont-Saint-Michel

Terminada en 1889, esta torre de hierro mide 324 m, incluida la antena que se añadió a la cúspide.

Unas 3000 enormes piedras colocadas en hileras forman este yacimiento de hace más de 5000 años.

Le Mans

Este es el mayor castillo del Loira y el más grandioso.

Orleans

Rennes

Alineamientos de Carnac

Nantes

Loira

Palacio de Chambord

OCÉANO ATLÁNTICO

Los humanos pintaron caballos y bisontes en las paredes de estas cuevas hace más de 17 000 años.

Cuevas de Lascaux

Dordoña

Bonjour! ¡Hola!

Garona

Trufas del Périgord

Burdeos

Estos hongos comestibles tienen un alto precio.

Osos de Eslovenia se llevaron a los Pirineos tras morir el último oso local en 2006.

Toulouse

Oso pardo

PIRINEOS

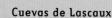

ESCALA

0   100 km

ESPAÑA

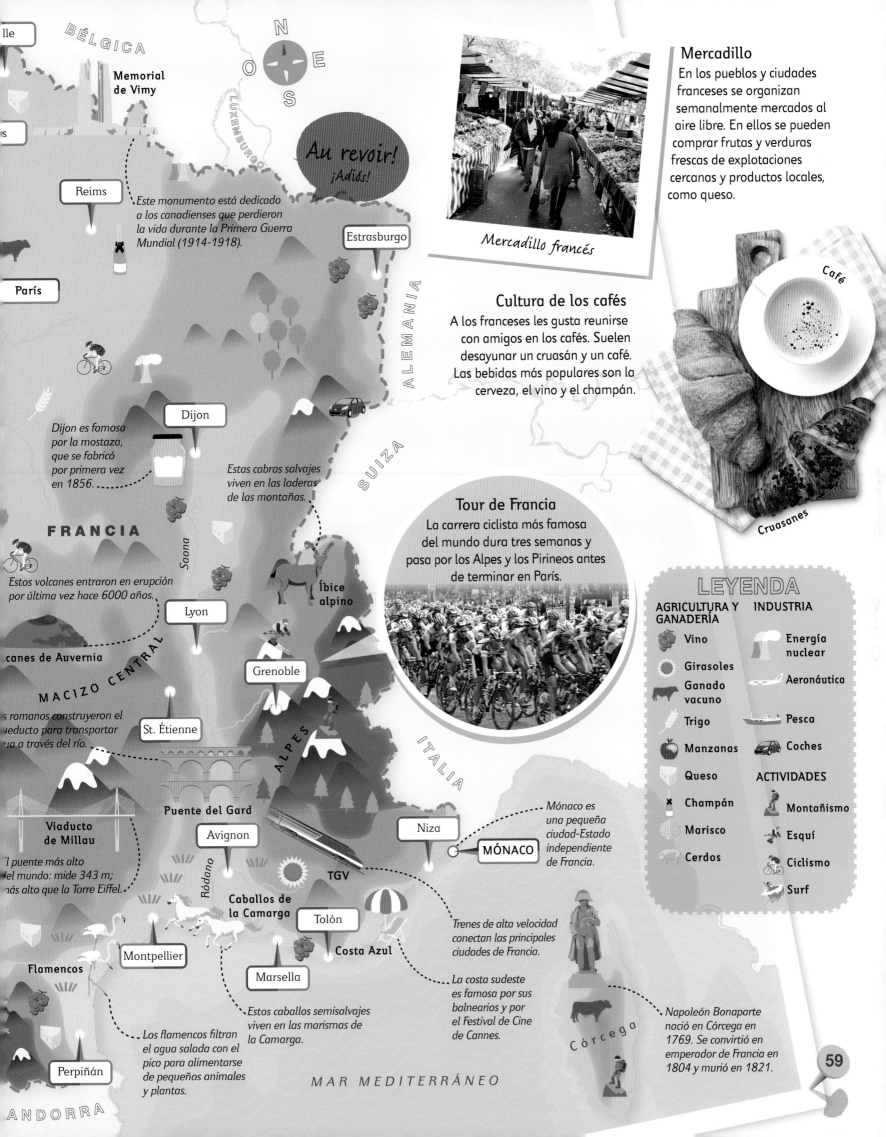

BÉLGICA

Memorial de Vimy

Reims

Este monumento está dedicado a los canadienses que perdieron la vida durante la Primera Guerra Mundial (1914-1918).

LUXEMBURGO

Estrasburgo

Au revoir!
¡Adiós!

París

ALEMANIA

Mercadillo

En los pueblos y ciudades franceses se organizan semanalmente mercados al aire libre. En ellos se pueden comprar frutas y verduras frescas de explotaciones cercanas y productos locales, como queso.

Mercadillo francés

Café

Dijon

Dijon es famosa por la mostaza, que se fabricó por primera vez en 1856.

Estas cabras salvajes viven en las laderas de las montañas.

SUIZA

Cultura de los cafés

A los franceses les gusta reunirse con amigos en los cafés. Suelen desayunar un cruasán y un café. Las bebidas más populares son la cerveza, el vino y el champán.

Cruasanes

FRANCIA

Estos volcanes entraron en erupción por última vez hace 6000 años.

Saona

Íbice alpino

Lyon

...canes de Auvernia

MACIZO CENTRAL

...s romanos construyeron el ...educto para transportar ...ua a través del río.

St. Étienne

Grenoble

ITALIA

Tour de Francia

La carrera ciclista más famosa del mundo dura tres semanas y pasa por los Alpes y los Pirineos antes de terminar en París.

LEYENDA

AGRICULTURA Y GANADERÍA

- Vino
- Girasoles
- Ganado vacuno
- Trigo
- Manzanas
- Queso
- Champán
- Marisco
- Cerdos

INDUSTRIA

- Energía nuclear
- Aeronáutica
- Pesca
- Coches

ACTIVIDADES

- Montañismo
- Esquí
- Ciclismo
- Surf

ALPES

Puente del Gard

Viaducto de Millau

...l puente más alto ...del mundo: mide 343 m; ...más alto que la Torre Eiffel.

Avignon

Ródano

TGV

Caballos de la Camarga

Tolón

Niza

MÓNACO

Mónaco es una pequeña ciudad-Estado independiente de Francia.

Trenes de alta velocidad conectan las principales ciudades de Francia.

Costa Azul

Montpellier

Flamencos

Marsella

Estos caballos semisalvajes viven en las marismas de la Camarga.

La costa sudeste es famosa por sus balnearios y por el Festival de Cine de Cannes.

Córcega

Napoleón Bonaparte nació en Córcega en 1769. Se convirtió en emperador de Francia en 1804 y murió en 1821.

Perpiñán

Los flamencos filtran el agua salada con el pico para alimentarse de pequeños animales y plantas.

MAR MEDITERRÁNEO

ANDORRA

PAÍSES BAJOS, BÉLGICA Y LUXEMBURGO

Estos tres países densamente poblados forman una región costera del noroeste de Europa. Gran parte de las tierras son llanas y están al nivel del mar o por debajo de él. Este terreno plano hace que el ciclismo sea muy popular.

MAR DEL NORTE

Islas Wadden

Los Países Bajos son famosos por el cultivo de tulipanes; la mayoría crecen en el noreste del país.

Groninga

Los molinos bombean agua de las zonas húmedas y protegen de inundaciones.

Molino de viento

Tulipanes

PAÍSES BAJOS

Esta valiente chica se escondió durante la Segunda Guerra Mundial y escribió un famoso diario.

Ana Frank

Ámsterdam

En Ámsterdam hay muchos canales y un buen número de importantes galerías de arte.

Este edificio de La Haya es la sede del gobierno neerlandés.

Ámsterdam

La Haya

Binnenhof

Utrecht

Arnhem

El hockey es popular en los Países Bajos.

Campo de hockey

Este campanario medieval está en la ciudad de Brujas.

Róterdam

Amberes es un centro del comercio de diamantes.

Este gran artista nació en Zundert, al sur de los Países Bajos en 1853.

Vincent van Gogh

Eindhoven

Ostende

Comercio de diamantes

Amberes

ESCALA

0   50 km

Carriles de bicicletas

Bicicletas

En los Países Bajos y Bélgica hay carriles para bicicletas, lo que hace que las personas se desplacen de forma segura y rápida.

Campanario de Brujas

En los campos de Bélgica crecen rojas amapolas.

Brujas

Gante

Campo de amapolas

Bruselas

En Bélgica se elaboran miles de tipos de cerveza.

Cerveza belga

Atomium

Este encaje es famoso por su delicadeza y belleza.

Encaje belga

Este singular edificio es el símbolo de Bruselas.

Mosa

Festival musical

Tomorrowland, gran festival de música electrónica de baile, se celebra cada verano en la ciudad de Boom, Bélgica.

Charleroi

Lieja

BÉLGICA

LEYENDA

AGRICULTURA Y GANADERÍA · **INDUSTRIA**

- Patatas
- Queso
- Ganado vacuno
- Cerdos
- Invernaderos
- Trigo
- Fruta

- Acero
- Gas
- Banca

ACTIVIDADES

- Fútbol
- Senderismo
- Ciclismo

Tomorrowland

Comida belga

La combinación de mejillones y patatas fritas es un plato belga muy popular. Otra especialidad es el rico y cremoso chocolate belga.

Mejillones y patatas

Luxemburgo

En Luxemburgo hay muchos castillos. Este pequeño país es un importante centro financiero.

FRANCIA

ARDENAS

LUXEMBURGO

Luxemburgo

El castillo de Vianden en Luxemburgo es un popular destino turístico.

SUIZA Y AUSTRIA

Suiza y Austria son dos países montañosos de Centroeuropa. Los Alpes los atraviesan y les proporcionan pistas cubiertas de nieve que se utilizan para los deportes de invierno, así como hermosos valles alpinos, en los que el senderismo es muy popular en verano.

Lipizzano y jinete

Escuela de equitación
La Escuela Española de Equitación de Viena enseña tradicionales técnicas de equitación. Usan lipizzanos, una raza de caballo blanco.

Esta catedral tiene el techo multicolor.

Le Corbusier
Este arquitecto suizo-francés diseñó edificios modernos y elegantes, a menudo de líneas rectas y bloques de colores brillantes.

Tarta Sacher
Esta tarta de chocolate se sirve en cafeterías. Los cafés son importantes en la vida social de Viena.

REPÚBLICA CHECA

Viena

Linz

Catedral de San Esteban

Danubio

ESLOVAQUIA

Lago Neusiedl

El gran compositor Wolfgang Amadeus Mozart nació en Salzburgo en 1756.

Salzburgo

Mozart

Graz

HUNGRÍA

AUSTRIA

ESLOVENIA

Esta autora suiza escribió Heidi, una novela sobre una joven que vive en los Alpes.

Liechtenstein, especializado en banca, es uno de los países más pequeños del mundo.

Zúrich

Innsbruck

ALPES

Gamuza

Estas cabras salvajes se cazan por su carne.

Basilea

Johanna Spyri

LIECHTENSTEIN

Genciana

Los mejores relojes se fabrican en Suiza.

Berna

Relojes

ALPES

SUIZA

Esta flor crece en la montaña. Se utiliza para aromatizar bebidas.

ALPES

Lausana

ALPES

Trompas de los Alpes

Estas trompas se usan en las montañas como instrumento musical o para enviar señales.

ebra

Cruz Roja

Ginebra es la sede de la Cruz Roja, que atiende a personas necesitadas de todo el mundo.

ESCALA

0   50 km

ITALIA

LEYENDA
AGRICULTURA Y GANADERÍA   **INDUSTRIA**

Queso		Madera	
Ganado		Banca	
Vino		Energía hidroeléctrica	
Albaricoques			

ACTIVIDADES

Esquí   Montañismo

Senderismo

Marmota alpina
Las marmotas viven en las cimas de los Alpes, donde se alimentan de hierba y arbustos. Estos pequeños animales sociables se silban entre sí. En invierno, hibernan en madrigueras.

Cervino
En la frontera entre Suiza e Italia se encuentra el espectacular Cervino. Tiene forma piramidal y es una de las montañas más altas de Europa.

Esquí alpino
Los Alpes son ideales para los deportes de invierno, como el esquí y el snowboard. Se celebran muchas competiciones, como las carreras de descenso, tanto para niños como para adultos.

Esquiador

ALEMANIA

Alemania es uno de los países más importantes de Europa. El río Rin atraviesa un paisaje montañoso y pasa por bonitos pueblos del sur del país, mientras que más al norte hay grandes ciudades industriales. Es un gran exportador de productos de calidad, incluidos los coches.

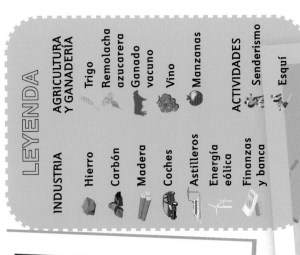

Diseño moderno
La Bauhaus fue una escuela de arte alemana. Promovía un diseño artístico limpio, audaz y moderno en arquitectura y artesaría. Tuvo una gran influencia en todo el mundo.

La Bauhaus

ESCALA

0   50 km   100 km

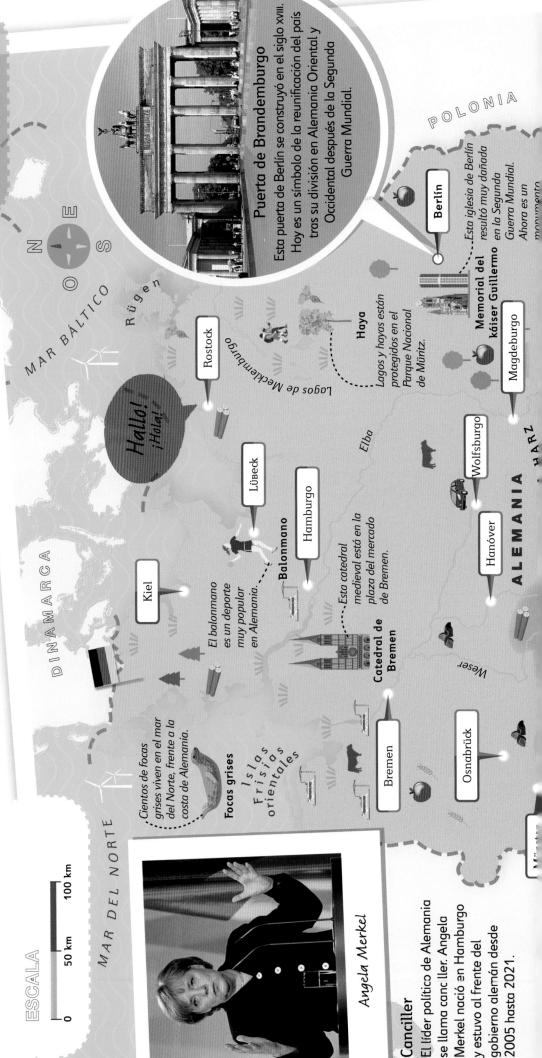

MAR DEL NORTE

DINAMARCA

MAR BÁLTICO

N O E S

Rügen

POLONIA

Puerta de Brandemburgo
Esta puerta de Berlín se construyó en el siglo XVIII. Hoy es un símbolo de la reunificación del país tras su división en Alemania Oriental y Occidental después de la Segunda Guerra Mundial.

Berlín

Esta iglesia de Berlín resultó muy dañada en la Segunda Guerra Mundial. Ahora es un monumento

Memorial del káiser Guillermo

Rostock

Haya
Lagos y hayas están protegidos en el Parque Nacional de Müritz.

Lagos de Mecklemburgo

¡Hallo! ¡Hola!

Lübeck

Hamburgo

Elba

Magdeburgo

HARZ

ALEMANIA

Wolfsburgo

Hanóver

Kiel

El balonmano es un deporte muy popular en Alemania.

Balonmano

Esta catedral medieval está en la plaza del mercado de Bremen.

Catedral de Bremen

Weser

Bremen

Osnabrück

Cientos de focas grises viven en el mar del Norte, frente a la costa de Alemania.

Focas grises

Islas Frisias orientales

Angela Merkel

Canciller
El líder político de Alemania se llama canciller. Angela Merkel nació en Hamburgo y estuvo al frente del gobierno alemán desde 2005 hasta 2021.

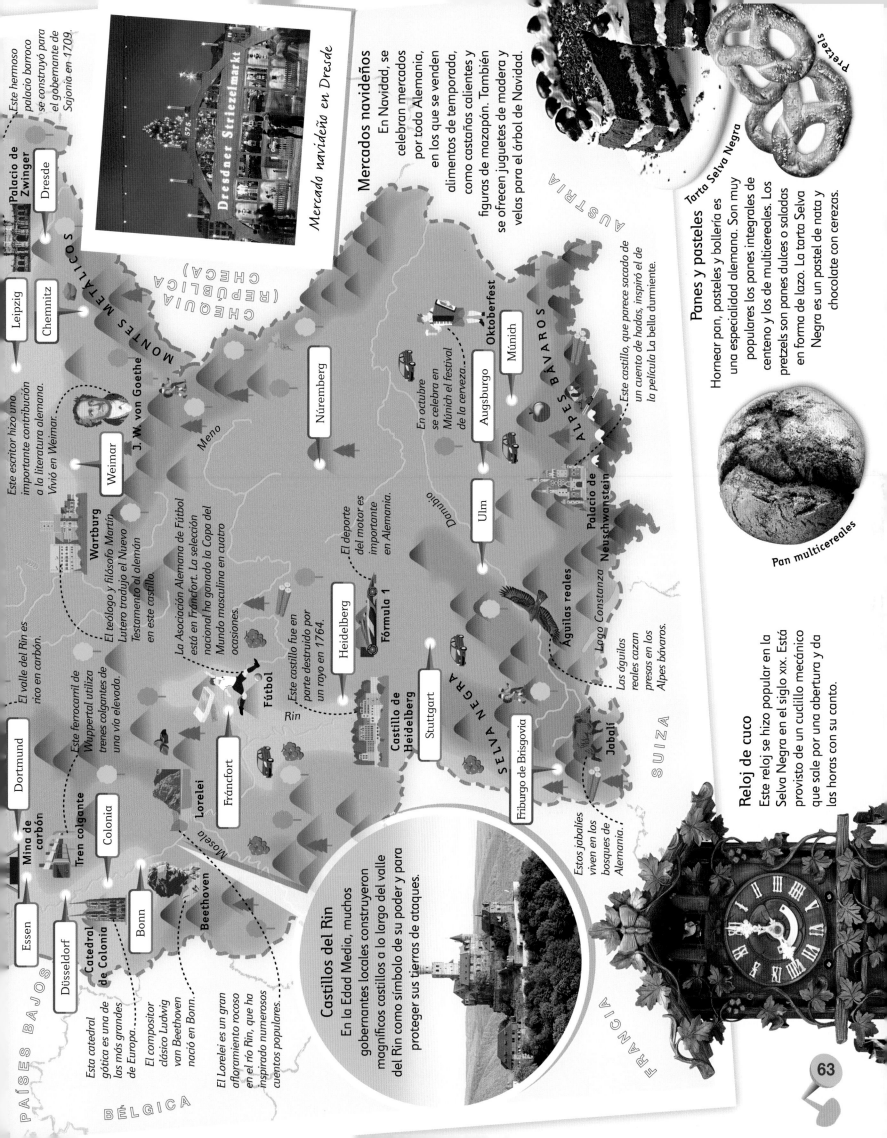

Palacio de Zwinger
Este hermoso palacio barroco se construyó para el gobernante de Sajonia en 1709.

Dresde

Leipzig

Chemnitz

MONTES METÁLICOS

CHEQUIA (REPÚBLICA CHECA)

Dresdner Striezelmarkt
575

Mercado navideño en Dresde

Mercados navideños
En Navidad, se celebran mercados por toda Alemania, en los que se venden alimentos de temporada, como castañas calientes y figuras de mazapán. También se ofrecen juguetes de madera y velas para el árbol de Navidad.

AUSTRIA

Pretzels

Tarta Selva Negra

Panes y pasteles
Hornear pan, pasteles y bollería es una especialidad alemana. Son muy populares los panes integrales de centeno y los de multicereales. Los pretzels son panes dulces o salados en forma de lazo. La tarta Selva Negra es un pastel de nata y chocolate con cerezas.

Pan multicereales

J. W. von Goethe
Este escritor hizo una importante contribución a la literatura alemana. Vivió en Weimar.

Weimar

Wartburg
El teólogo y filósofo Martín Lutero tradujo el Nuevo Testamento al alemán en este castillo.

Meno

Núremberg

Oktoberfest
En octubre se celebra en Múnich el festival de la cerveza.

Múnich

Augsburgo

ALPES BÁVAROS

Ulm

Danubio

Palacio de Neuschwanstein
Este castillo, que parece sacado de un cuento de hadas, inspiró el de la película La bella durmiente.

Águilas reales
Las águilas reales cazan presas en los Alpes bávaros.

Lago Constanza

SUIZA

Dortmund

Mina de carbón
El valle del Rin es rico en carbón.

Tren colgante
Este ferrocarril de Wuppertal utiliza trenes colgantes de una vía elevada.

La Asociación Alemana de Fútbol está en Fráncfort. La selección nacional ha ganado la Copa del Mundo masculina en cuatro ocasiones.

Fórmula 1
El deporte del motor es importante en Alemania.

Heidelberg

Fútbol

Castillo de Heidelberg
Este castillo fue en parte destruido por un rayo en 1764.

Rin

Stuttgart

SELVA NEGRA

Friburgo de Brisgovia

Jabalí
Estos jabalíes viven en los bosques de Alemania.

Reloj de cuco
Este reloj se hizo popular en la Selva Negra en el siglo XIX. Está provisto de un cuclillo mecánico que sale por una abertura y da las horas con su canto.

Essen

Düsseldorf

Colonia

Catedral de Colonia
Esta catedral gótica es una de las más grandes de Europa.

Bonn

Beethoven
El compositor clásico Ludwig van Beethoven nació en Bonn.

Lorelei
El Lorelei es un gran afloramiento rocoso en el río Rin, que ha inspirado numerosos cuentos populares.

Fráncfort

Mosela

PAÍSES BAJOS

BÉLGICA

FRANCIA

Castillos del Rin
En la Edad Media, muchos gobernantes locales construyeron magníficos castillos a lo largo del valle del Rin como símbolo de su poder y para proteger sus tierras de ataques.

ESPAÑA Y PORTUGAL

España y Portugal forman parte del sur de Europa. Ambos países tienen largas costas y espectaculares paisajes, lo que hace de ellos destinos turísticos muy populares. El mar es una gran fuente de alimentación y la pesca, una industria importante.

Azulejos portugueses

Los azulejos decorativos se encuentran en casas e iglesias, e incluso se usan como señales de tráfico. Muestran ciudades, flores y barcos de pesca.

Azulejos decorativos

Muchas personas peregrinan hasta esta catedral.

Catedral de Santiago de Compostela

Santiago de Compostela

León

Los lobos viven en bosques del norte de España y Portugal.

Esla

Lobo ibérico

Esta casa está decorada con más de 300 caparazones.

Braga

El oporto es un tipo de vino dulce que se elabora con uvas del valle del Duero.

Guimarães

Duero

Casa de las Conchas

Oporto

Oporto

Salamanca

Estos barcos tradicionales de Aveiro tienen forma de media luna y están pintados con colores vivos.

Barco molicero

Aveiro

El fado es una música tradicional portuguesa acompañada de guitarra.

Luís de Camoes

El gran poeta portugués vivió en el siglo XVI.

Coímbra

Tajo

Fado

Nazaré

PORTUGAL

Muchas personas visitan las Azores para ver delfines.

Observación de delfines

A z o r e s

Con la corteza de los alcornoques se fabrican tapones de corcho para botellas de vino.

Corcho

Guadiana

Este fuerte del siglo XVI está a la entrada del puerto de Lisboa.

Este templo de Évora fue un centro de culto.

Badajoz

Torre de Belém

Lisboa

Punta Delgada

M a d e i r a

Levadas

Las levadas son un sistema de canales construidos para conducir el agua a lo largo de las montañas.

Madeira y Azores

Estas islas en medio del Atlántico pertenecen a Portugal. Son un destino popular para los cruceros.

Templo romano

Setúbal

Évora

Funchal

Olá ¡Hola!

Guadiana

Islas Canarias

Estas islas españolas están frente a la costa oeste del norte de África.

Santa Cruz de Tenerife

I s l a s   C a n a r i a s

Estos dulces portugueses son un manjar delicioso.

Pastel de nata

Sevilla

Las Palmas de Gran Canaria

Faro

El jerez es un vino elaborado con uvas blancas.

Jerez

ESCALA

0   100 km

Jerez de la Frontera

Cádiz

O C É A N O   A T L Á N T I C O

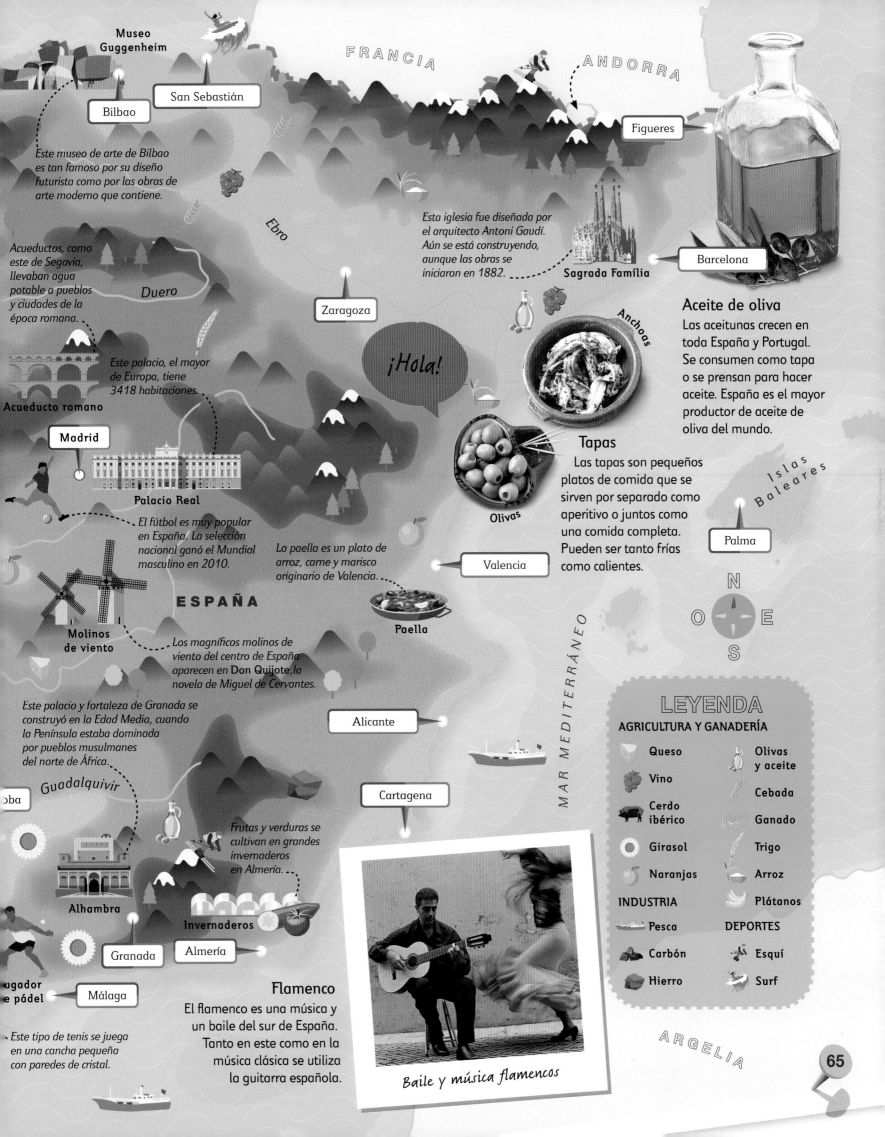

Museo Guggenheim

San Sebastián

Bilbao

F R A N C I A

A N D O R R A

Figueres

Este museo de arte de Bilbao es tan famoso por su diseño futurista como por las obras de arte moderno que contiene.

Acueductos, como este de Segovia, llevaban agua potable a pueblos y ciudades de la época romana.

Ebro

Duero

Esta iglesia fue diseñada por el arquitecto Antoni Gaudí. Aún se está construyendo, aunque las obras se iniciaron en 1882.

Sagrada Família

Barcelona

Acueducto romano

Zaragoza

¡Hola!

Anchoas

Aceite de oliva

Las aceitunas crecen en toda España y Portugal. Se consumen como tapa o se prensan para hacer aceite. España es el mayor productor de aceite de oliva del mundo.

Madrid

Este palacio, el mayor de Europa, tiene 3418 habitaciones.

Palacio Real

Tapas

Olivas

Las tapas son pequeños platos de comida que se sirven por separado como aperitivo o juntos como una comida completa. Pueden ser tanto frías como calientes.

I s l a s B a l e a r e s

El fútbol es muy popular en España. La selección nacional ganó el Mundial masculino en 2010.

La paella es un plato de arroz, carne y marisco originario de Valencia.

Valencia

Palma

E S P A Ñ A

Molinos de viento

Los magníficos molinos de viento del centro de España aparecen en Don Quijote, la novela de Miguel de Cervantes.

Paella

M A R   M E D I T E R R Á N E O

N
O   E
S

Este palacio y fortaleza de Granada se construyó en la Edad Media, cuando la Península estaba dominada por pueblos musulmanes del norte de África.

Alicante

Guadalquivir

...oba

Cartagena

Frutas y verduras se cultivan en grandes invernaderos en Almería.

Alhambra

Invernaderos

Granada

Almería

...ugador ...e pádel

Málaga

Este tipo de tenis se juega en una cancha pequeña con paredes de cristal.

Flamenco

El flamenco es una música y un baile del sur de España. Tanto en este como en la música clásica se utiliza la guitarra española.

Baile y música flamencos

LEYENDA

AGRICULTURA Y GANADERÍA

Queso

Olivas y aceite

Vino

Cebada

Cerdo ibérico

Ganado

Girasol

Trigo

Naranjas

Arroz

INDUSTRIA

Plátanos

Pesca

DEPORTES

Carbón

Esquí

Hierro

Surf

A R G E L I A

ITALIA

Italia se extiende desde los Alpes al norte hasta la isla mediterránea de Sicilia al sur. El país tiene forma de bota, con la punta casi tocando Sicilia. En la Antigüedad, los romanos construyeron un gran imperio gobernado desde Roma. Italia es también famosa por su arte y arquitectura.

Escúter

En Italia hay un montón de callejuelas y calles sinuosas, por lo que muchas personas utilizan pequeños escúteres para desplazarse.

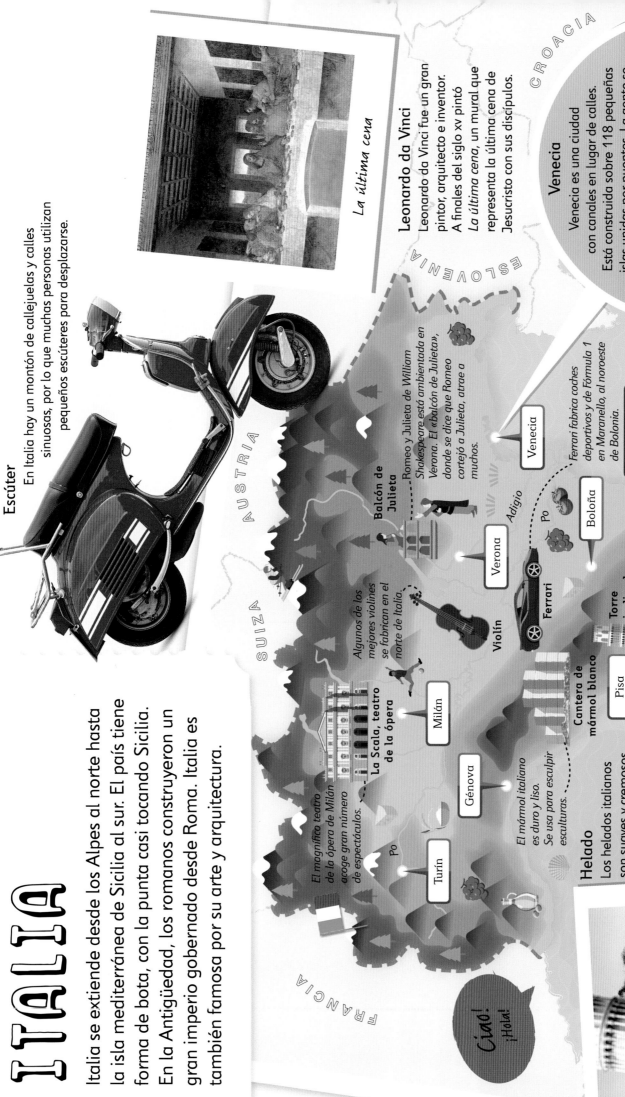

La última cena

Leonardo da Vinci

Leonardo da Vinci fue un gran pintor, arquitecto e inventor. A finales del siglo xv pintó *La última cena*, un mural que representa la última cena de Jesucristo con sus discípulos.

Venecia

Venecia es una ciudad con canales en lugar de calles. Está construida sobre 118 pequeñas islas unidas por puentes. La gente se desplaza por la ciudad en unas barcas llamadas góndolas.

CROACIA

ESLOVENIA

AUSTRIA

SUIZA

FRANCIA

¡Ciao! ¡Hola!

Romeo y Julieta de William Shakespeare está ambientada en Verona. El «balcón de Julieta», donde se dice que Romeo cortejó a Julieta, atrae a muchos.

Balcón de Julieta

Algunos de los mejores violines se fabrican en el norte de Italia.

Violín

Adigio

Po

Verona

Venecia

Ferrari fabrica coches deportivos y de Fórmula 1 en Maranello, al noroeste de Bolonia.

Ferrari

Boloña

SAN MARINO

Esta pequeña república independiente tiene una superficie de poco más de 61 km².

El David de Miguel Ángel es una escultura muy famosa de Florencia.

David de Miguel Ángel

El magnífico teatro de la ópera de Milán acoge gran número de espectáculos.

La Scala, teatro de la ópera

Milán

Génova

El mármol italiano es duro y liso. Se usa para esculpir esculturas.

Cantera de mármol blanco

Torre inclinada de Pisa

Pisa

Arno

Florencia

Siena

Tíber

Se inclina hacia un lado porque fue construida sobre terreno blando.

Po

Turín

Helado

Los helados italianos son suaves y cremosos. Pueden tener muchos sabores, como cereza, pistacho o nuez.

MAR DE LIGURIA

Córcega

Helado

MAR ADRIÁTICO

Estas cabañas de piedra con techos cónicos se llaman trulli y están en la región de Apulia.

Bari

Trulli

Los romanos consideraban un manjar este gran lirón.

Lirón comestible

Ofanto

Monte Vesubio

En Ciudad del Vaticano, Roma, reside el Papa, líder de la Iglesia católica. Es el Estado más pequeño del mundo.

Biferno

ITALIA

CIUDAD DEL VATICANO

Roma

Nápoles

El Vesubio es un volcán cercano a Nápoles. Entró en erupción en época romana y destruyó la ciudad de Pompeya. Aún está activo.

Sicilia

Sicilia es la mayor isla del Mediterráneo. Cuenta con ciudades históricas, costas escarpadas, ruinas antiguas y maravillas naturales, como el volcán Etna.

Coliseo

Este gran anfiteatro fue construido por los antiguos romanos como una arena para luchas de gladiadores. Es el mayor anfiteatro jamás construido.

Cagliari

Cerdeña

Los espaguetis son uno de los tipos de pasta que se elaboran en Italia. Con salsa de tomate son un plato clásico.

Espaguetis

Para empezar el día, los italianos toman un café expreso, fuerte y espeso, a menudo hecho en cafeteras como esta.

Cafetera italiana

MAR MEDITERRÁNEO

ESCALA

0   100 km

Palermo

Sicilia

MAR JÓNICO

Regio de Calabria

Con 3350 m, el Etna, en la isla de Sicilia, es el volcán activo más alto de Europa.

Volcán Etna

Catania

Comida

La comida y la bebida italianas se disfrutan en todo el mundo. Italia es la cuna de la pizza y uno de sus sabores más populares es la sencilla pizza margarita hecha con queso mozzarella, tomate y albahaca.

Pizza margarita

Arrivederci! ¡Adiós!

LEYENDA

AGRICULTURA

Vino   Limones

Aceitunas y aceite   Almendras

Higos   Cabras

Trigo   Queso

Arroz   Marisco

Tomates

ACTIVIDADES

Fútbol   Buceo

Esquí   Senderismo

INDUSTRIA

Pesca

EUROPA CENTRAL

Europa Central es una región con ciudades históricas y castillos antiguos. En Polonia, la agricultura es importante, al igual que industrias como la minería del carbón y el acero. Al sur, la gente disfruta del senderismo y el esquí en las escarpadas montañas de Chequia (República Checa) y Eslovaquia.

MAR BÁLTICO

N O E S

Koszalin

Gdańsk

Halo!
¡Hola!

Tenis de mesa

La jugadora de tenis de mesa Natalia Partyka es la atleta paralímpica más joven del mundo.

Vístula

Las carreras de motos en circuitos de tierra son muy populares en Polonia.

Stellin

Toruń

Circuito de motociclismo

En estas deliciosas galletas, se añade jengibre picante a la masa dulce.

Galletas de jengibre de Toruń

Poznan

POLONIA

ALEMANIA

Puente de Carlos

Este puente medieval de piedra está bordeado de estatuas. Cruza el río Moldava en Praga.

Reloj astronómico

Reloj astronómico

Este reloj de 600 años está en la plaza de la Ciudad Vieja de Praga. Cada hora las estatuas mecánicas se mueven y actúan.

Cristal de Bohemia

La fabricación de vidrio es una tradición de Bohemia, la parte oriental de Chequia. Grabados a mano, coloreados y bañados en oro, estos delicados objetos se fabrican en talleres de toda Bohemia.

Skoda fabrica coches en Chequia.

Breslavia

Óder

El lúpulo se utiliza para elaborar cerveza, una especialidad checa.

Liberec

Skoda

PARQUE NACIONAL KRKONOŠE

Elba

Lúpulo

Praga

Ostrava

CHEQUIA (REPÚBLICA CHECA)

Ahoj!
¡Hola!

Esta fortaleza en la cima de una colina tenía una prisión.

Castillo Špilberk

Brno

Váh

Esta fortaleza medieval se alza en una colina que domina la ciudad de Bratislava.

Castillo de Bratislava

ESCALA

0   50 km

Bratislava

AUSTRIA

ESLOVAQU

68

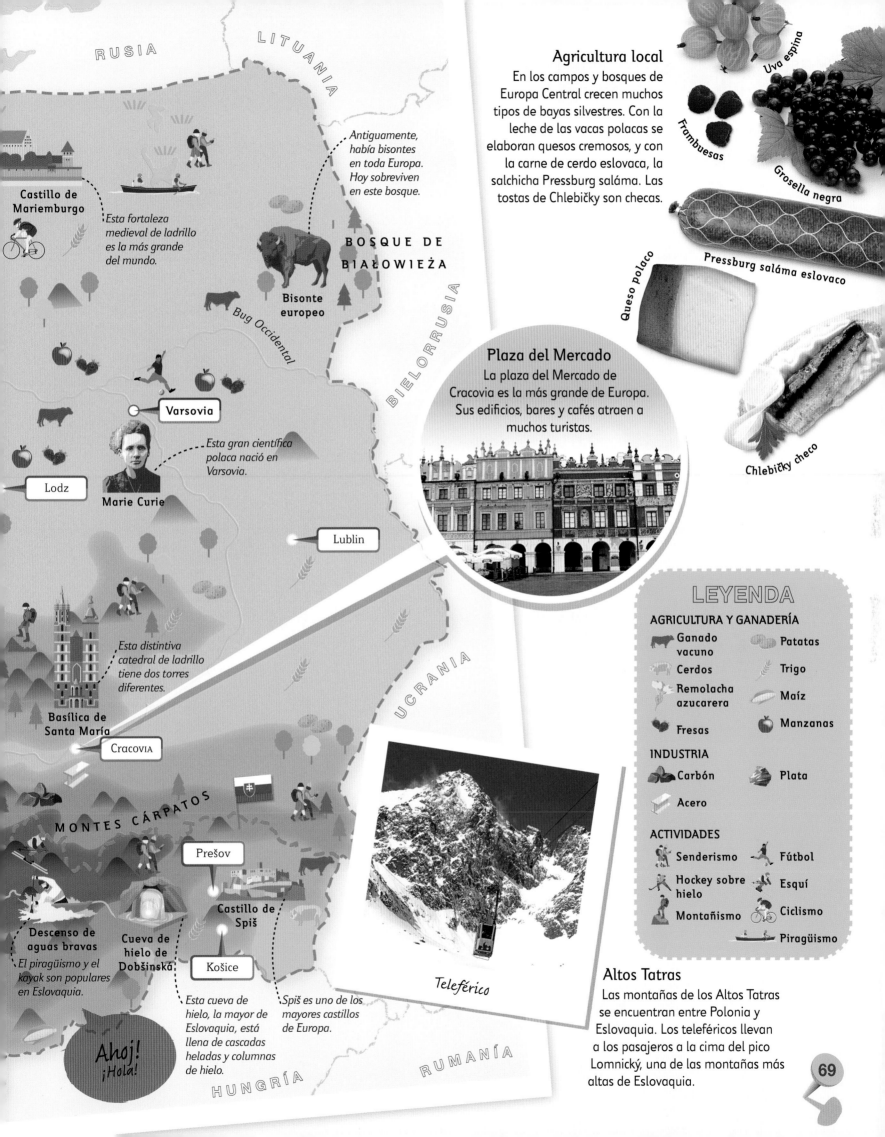

RUSIA

LITUANIA

Castillo de Mariemburgo
Esta fortaleza medieval de ladrillo es la más grande del mundo.

Antiguamente, había bisontes en toda Europa. Hoy sobreviven en este bosque.

BOSQUE DE BIAŁOWIEŻA

Bisonte europeo

BIELORRUSIA

Bug Occidental

Varsovia

Marie Curie
Esta gran científica polaca nació en Varsovia.

Lodz

Lublin

Esta distintiva catedral de ladrillo tiene dos torres diferentes.

Basílica de Santa María

Cracovia

UCRANIA

MONTES CÁRPATOS

Prešov

Castillo de Spiš

Descenso de aguas bravas
El piragüismo y el kayak son populares en Eslovaquia.

Cueva de hielo de Dobšinská

Košice

Esta cueva de hielo, la mayor de Eslovaquia, está llena de cascadas heladas y columnas de hielo.

Spiš es uno de los mayores castillos de Europa.

Ahoj!
¡Hola!

HUNGRÍA

RUMANÍA

Agricultura local
En los campos y bosques de Europa Central crecen muchos tipos de bayas silvestres. Con la leche de las vacas polacas se elaboran quesos cremosos, y con la carne de cerdo eslovaca, la salchicha Pressburg saláma. Las tostas de Chlebičky son checas.

Uva espina

Frambuesas

Grosella negra

Queso polaco

Pressburg saláma eslovaco

Chlebičky checo

Plaza del Mercado
La plaza del Mercado de Cracovia es la más grande de Europa. Sus edificios, bares y cafés atraen a muchos turistas.

LEYENDA

AGRICULTURA Y GANADERÍA
- Ganado vacuno
- Patatas
- Cerdos
- Trigo
- Remolacha azucarera
- Maíz
- Fresas
- Manzanas

INDUSTRIA
- Carbón
- Plata
- Acero

ACTIVIDADES
- Senderismo
- Fútbol
- Hockey sobre hielo
- Esquí
- Montañismo
- Ciclismo
- Piragüismo

Teleférico

Altos Tatras
Las montañas de los Altos Tatras se encuentran entre Polonia y Eslovaquia. Los teleféricos llevan a los pasajeros a la cima del pico Lomnický, una de las montañas más altas de Eslovaquia.

HUNGRÍA, CROACIA Y ESLOVENIA

La capital histórica de Hungría, Budapest, está a orillas del río Danubio, que atraviesa el país. Sus fértiles llanuras producen diversos y abundantes cultivos. La costa croata está salpicada de pequeñas islas que atraen el turismo. Eslovenia cuenta con tranquilos lagos y altas montañas ideales para esquiar.

Baños Széchenyi
Las aguas calientes de estos baños de Hungría provienen de dos manantiales termales. Dentro, parece que uno se encuentre en un ornamentado palacio.

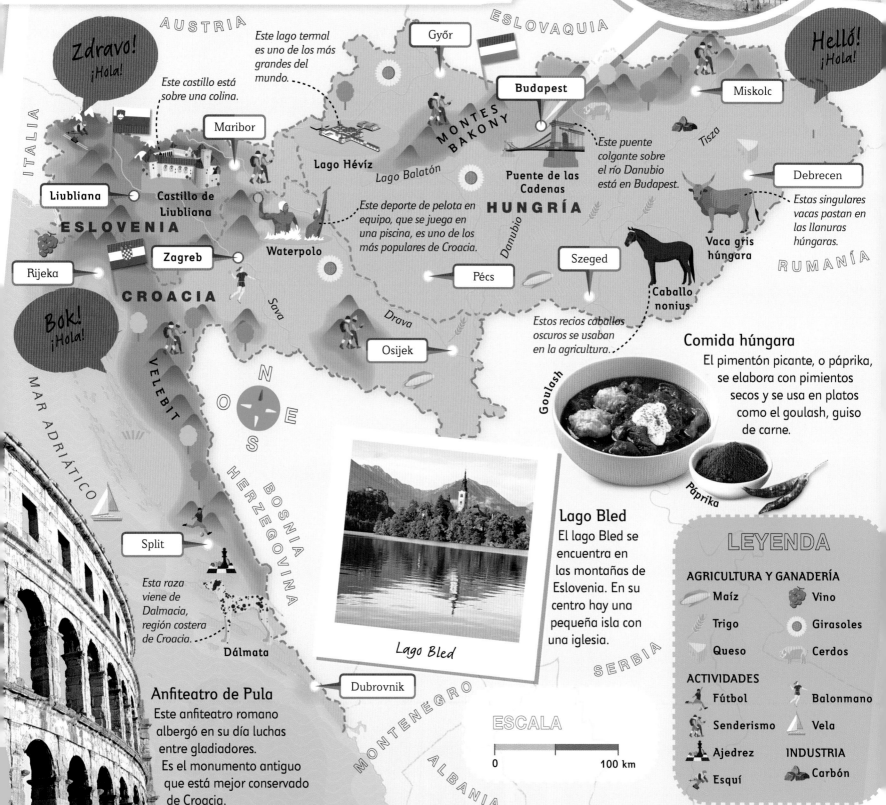

AUSTRIA

ESLOVAQUIA

Győr

Zdravo!
¡Hola!

Helló!
¡Hola!

Este lago termal es uno de los más grandes del mundo.

Este castillo está sobre una colina.

ITALIA

Maribor

MONTES BAKONY

Budapest

Miskolc

Lago Hévíz

Lago Balatón

Este puente colgante sobre el río Danubio está en Budapest.

Tisza

Debrecen

Liubliana

Castillo de Liubliana

Puente de las Cadenas

HUNGRÍA

Estas singulares vacas pastan en las llanuras húngaras.

ESLOVENIA

Este deporte de pelota en equipo, que se juega en una piscina, es uno de los más populares de Croacia.

Waterpolo

Danubio

Vaca gris húngara

RUMANÍA

Rijeka

Zagreb

Szeged

Caballo nonius

Bok!
¡Hola!

CROACIA

Pécs

Sava

Drava

Osijek

Estos recios caballos oscuros se usaban en la agricultura.

Comida húngara
El pimentón picante, o páprika, se elabora con pimientos secos y se usa en platos como el goulash, guiso de carne.

VELEBIT

N O E S

MAR ADRIÁTICO

BOSNIA HERZEGOVINA

Goulash

Páprika

Split

Esta raza viene de Dalmacia, región costera de Croacia.

Lago Bled
El lago Bled se encuentra en las montañas de Eslovenia. En su centro hay una pequeña isla con una iglesia.

Dálmata

Lago Bled

SERBIA

LEYENDA

AGRICULTURA Y GANADERÍA

Maíz   Vino

Trigo   Girasoles

Queso   Cerdos

ACTIVIDADES

Fútbol   Balonmano

Senderismo   Vela

Ajedrez   INDUSTRIA

Esquí   Carbón

Dubrovnik

MONTENEGRO

ALBANIA

ESCALA

0   100 km

Anfiteatro de Pula
Este anfiteatro romano albergó en su día luchas entre gladiadores. Es el monumento antiguo que está mejor conservado de Croacia.

UCRANIA

Ucrania es el segundo país más grande de Europa. Su bandera es azul y amarilla, imitando el cielo, el trigo y los girasoles que cubren grandes áreas del territorio. La industria es importante, ya que es un gran productor de energía hidroeléctrica, acero y carbón.

Desfile infantil

Día del Niño

El Día del Niño honra cada año a los niños de todo el mundo. Se celebra el 1 de junio con un desfile en Kiev, capital de Ucrania.

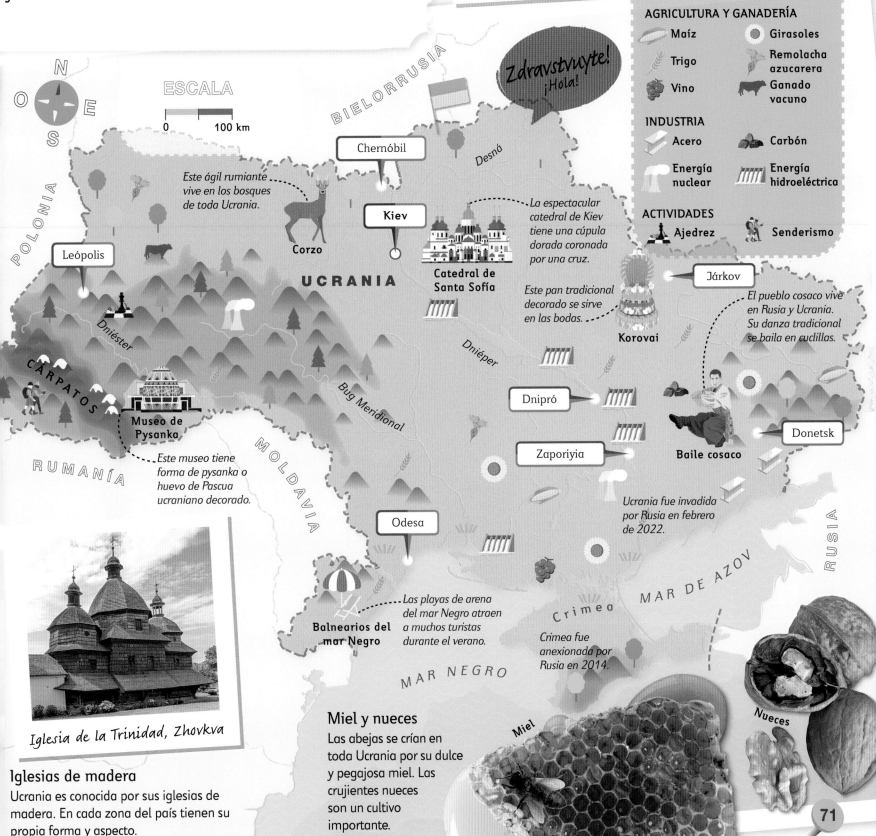

LEYENDA

AGRICULTURA Y GANADERÍA

- Maíz
- Girasoles
- Trigo
- Remolacha azucarera
- Vino
- Ganado vacuno

INDUSTRIA

- Acero
- Carbón
- Energía nuclear
- Energía hidroeléctrica

ACTIVIDADES

- Ajedrez
- Senderismo

ESCALA

0 — 100 km

N O E S

BIELORRUSIA

POLONIA

Zdravstvuyte! ¡Hola!

Chernóbil

Desná

Este ágil rumiante vive en los bosques de toda Ucrania.

Corzo

Kiev

UCRANIA

La espectacular catedral de Kiev tiene una cúpula dorada coronada por una cruz.

Catedral de Santa Sofía

Este pan tradicional decorado se sirve en las bodas.

Korovai

Járkov

El pueblo cosaco vive en Rusia y Ucrania. Su danza tradicional se baila en cuclillas.

Leópolis

Dniéster

CÁRPATOS

Museo de Pysanka

Este museo tiene forma de pysanka o huevo de Pascua ucraniano decorado.

RUMANÍA

MOLDAVIA

Bug Meridional

Dniéper

Dnipró

Baile cosaco

Donetsk

Zaporiyia

Ucrania fue invadida por Rusia en febrero de 2022.

Odesa

Las playas de arena del mar Negro atraen a muchos turistas durante el verano.

Balnearios del mar Negro

Crimea fue anexionada por Rusia en 2014.

Crimea

MAR DE AZOV

RUSIA

MAR NEGRO

Iglesia de la Trinidad, Zhovkva

Iglesias de madera

Ucrania es conocida por sus iglesias de madera. En cada zona del país tienen su propia forma y aspecto.

Miel y nueces

Las abejas se crían en toda Ucrania por su dulce y pegajosa miel. Las crujientes nueces son un cultivo importante.

Miel

Nueces

RUMANÍA Y BULGARIA

En las montañas y los bosques de Rumanía hay espectaculares castillos y antiguas iglesias de piedra. Bulgaria también es montañosa, y en las laderas de los valles hay viñedos que producen uvas para elaborar vino. En los meses de verano, muchos turistas visitan el mar Negro.

Murciélago de herradura

En las cuevas de los Cárpatos viven cientos de murciélagos de herradura. Salen por la noche a la caza de insectos.

Fresco del monasterio de Horezu

Frescos

Los hermosos frescos de los techos y paredes del monasterio de Horezu, en el sur de Rumanía, representan escenas de la vida de Cristo. Tiene detalles en pintura dorada.

Castillo de Bran

Este castillo de Transilvania se conoce como castillo de Drácula, pues se parece al del vampiro Drácula de la novela de Bram Stoker.

Montes Cárpatos

Los Cárpatos, una cadena montañosa que atraviesa el corazón de Rumanía, tienen picos rocosos y paisajes impresionantes. Los bosques de pinos abundan en sus valles.

MOLDAVIA

UCRANIA

HUNGRÍA

SERBIA

RUMANÍA

CÁRPATOS

CÁRPATOS MERIDIONALES

Siret

Mureş

Botoşani

Iaşi

Nacida en Oneşti, Nadia Comăneci fue la primera gimnasta en lograr un 10 sobre 10 en unos Juegos Olímpicos. Fue en 1976.

Gimnasia

Oneşti

Esta formación rocosa en el Parque Natural de Bucegi parece la cara de una esfinge egipcia.

Esfinge

Lobo

En Rumanía, hay muchos lobos, la mayoría en los Cárpatos.

Está protegida por un muro de piedra alto y torres de vigilancia.

Iglesia fortificada de Viscri

Bran

Piteşti

Satu Mare

Cluj-Napoca

Timişoara

Cascada de Bigar

¡Ala! ¡Hola!

Esta singular cascada distribuye su agua por varios arroyos.

Rosa de Damasco

ESCALA

0 |————| 50 km

Bucarest

Palacio del Parlamento
Este es uno de los mayores edificios civiles del mundo.

Olt

Danubio

Iskär

Constanza

Estas grandes aves viven en el bajo Danubio y en la costa del mar Negro.

Pelícano ceñudo

MAR NEGRO

Varna

Iglesias rupestres de Ivanovo
Excavadas en la roca y decoradas con murales.

B U L G A R I A

M O N T E S   B A L C A N E S

Burgas

Zdravey!
¡Hola!

Plovdiv

Marits

M O N T E S   R Ó D O P E

TURQUÍA

**M O N T E S
P I R I N**

Sofía

Monasterio de Rila
Es un importante lugar sagrado de la Iglesia ortodoxa.

GRECIA

MACEDONIA DEL NORTE

Catedral de San Alejandro Nevski
La catedral de Sofía, capital de Bulgaria, lleva el nombre de un príncipe y santo ruso. La principal religión del país es la ortodoxa.

Valle de las Rosas
Las rosas de Damasco se cultivan en el centro de Bulgaria. Sus pétalos se utilizan para elaborar aceite de rosas usado en perfumería y también agua de rosas para aromatizar alimentos.

Aceite de rosas

Senderismo
Los paisajes montañosos, como los Cárpatos de Rumanía y los montes Pirin en el sudoeste de Bulgaria, son perfectos para practicar el senderismo. Además, los montes Pirin tienen hermosos lagos de aguas cristalinas.

Montes Pirin

LEYENDA

AGRICULTURA Y GANADERÍA
- Trigo
- Vino
- Girasoles
- Ovejas
- Maíz
- Patatas

INDUSTRIA
- Energía eólica
- Gas natural
- Carbón
- Automóviles
- Petróleo
- Energía hidroeléctrica
- Energía nuclear

ACTIVIDADES
- Senderismo
- Lucha libre
- Esquí

73

GRECIA

En Grecia nació una de las primeras grandes civilizaciones y tiene una historia fascinante. Los restos antiguos, sus magníficas montañas, los cientos de islas con espléndidas playas y una deliciosa comida tradicional han hecho que sea un lugar atractivo para el turismo.

LEYENDA

PRODUCTOS

- Aceitunas y aceite
- Vino
- Trigo
- Algodón
- Higos
- Cabras
- Ovejas
- Queso
- Mármol
- Bauxita
- Cuero
- Marisco

ACTIVIDADES

- Senderismo
- Fútbol
- Turismo

NATURALEZA

- Delfines
- Arrecifes de coral

Bailes tradicionales griegos

Monasterios

Monjes medievales construyeron más de 20 monasterios en Meteora, cada uno situado en la cima de uno de los pilares rocosos de este increíble lugar. Hoy en día, solo quedan seis.

Bailes

Los bailes tradicionales tenían un papel importante en muchas celebraciones griegas. Son ocasiones alegres y sociables con mucha música animada.

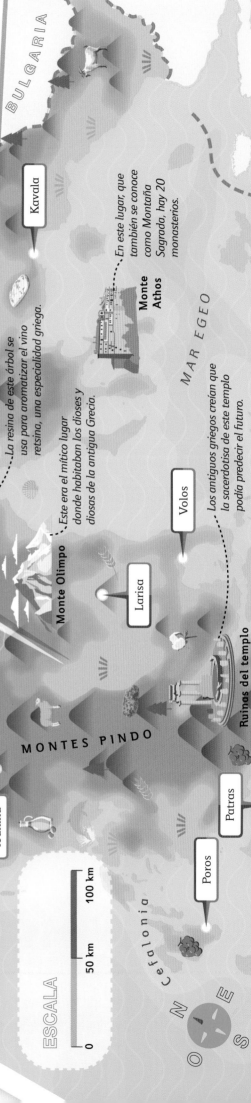

BULGARIA

MACEDONIA DEL NORTE

ALBANIA

Geia sou!
¡Hola!

Corfú

Ioánina

Poros

Patras

MONTES PINDO

Ruinas del templo de Apolo de Delfos

Los antiguos griegos creían que la sacerdotisa de este templo podía predecir el futuro.

Larisa

Volos

Monte Olimpo

Este era el mítico lugar donde habitaban los dioses y diosas de la antigua Grecia.

Pino de Alepo

La resina de este árbol se usa para aromatizar el vino retsina, una especialidad griega.

Salónica

MONTES RÓDOPE

Kavala

Monte Athos

En este lugar, que también se conoce como Montaña Sagrada, hay 20 monasterios.

MAR EGEO

MAR JÓNICO

Corfú

Cefalonia

ESCALA

0 50 km 100 km

N
O   E
S

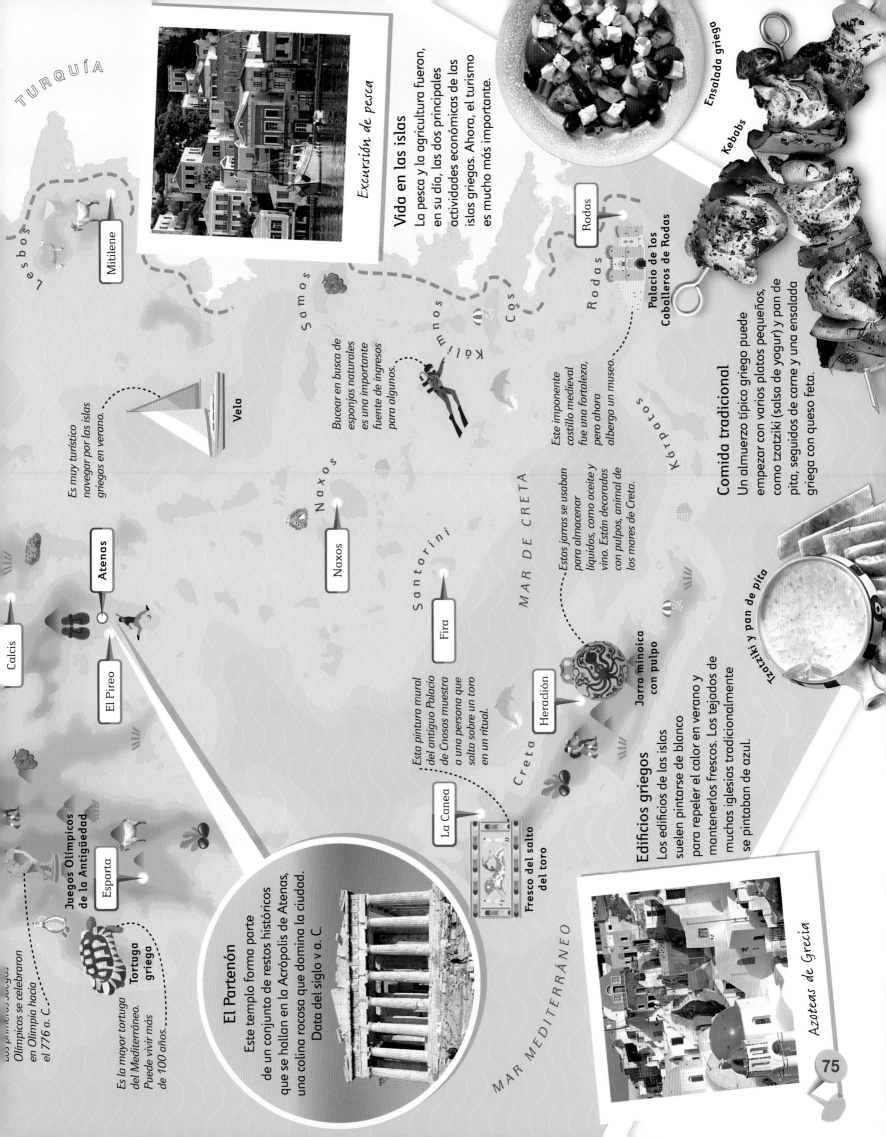

TURQUÍA

Lesbos

Mitilene

Excursión de pesca

Vida en las islas

La pesca y la agricultura fueron, en su día, las dos principales actividades económicas de las islas griegas. Ahora, el turismo es mucho más importante.

Es muy turístico navegar por las islas griegas en verano.

Vela

Samos

Bucear en busca de esponjas naturales es una importante fuente de ingresos para algunos.

Kalimnos

Cos

Rodas

Rodas

Palacio de los Caballeros de Rodas

Este imponente castillo medieval fue una fortaleza, pero ahora alberga un museo.

Kárpatos

Calcis

Atenas

Naxos

Naxos

El Pireo

Santorini

Fira

MAR DE CRETA

Estas jarras se usaban para almacenar líquidos, como aceite y vino. Están decoradas con pulpos, animal de los mares de Creta.

Comida tradicional

Un almuerzo típico griego puede empezar con varios platos pequeños, como tzatziki (salsa de yogur) y pan de pita, seguidos de carne y una ensalada griega con queso feta.

Ensalada griega

Kebabs

Heraclión

Jarra minoica con pulpo

Creta

Esta pintura mural del antiguo Palacio de Cnosos muestra a una persona que salta sobre un toro en un ritual.

La Canea

Fresco del salto del toro

Edificios griegos

Los edificios de las islas suelen pintarse de blanco para repeler el calor en verano y mantenerlos frescos. Los tejados de muchas iglesias tradicionalmente se pintaban de azul.

Tzatziki y pan de pita

Esparta

Juegos Olímpicos de la Antigüedad

Los primeros Juegos Olímpicos se celebraron en Olimpia hacia el 776 a. C.

Es la mayor tortuga del Mediterráneo. Puede vivir más de 100 años.

Tortuga griega

El Partenón

Este templo forma parte de un conjunto de restos históricos que se hallan en la Acrópolis de Atenas, una colina rocosa que domina la ciudad. Data del siglo v a. C.

MAR MEDITERRÁNEO

Azoteas de Grecia

75

RUSIA EUROPEA Y PAÍSES BÁLTICOS

Rusia es el país más grande del mundo y se extiende por dos continentes: Europa y Asia. La Rusia europea se encuentra al oeste de los montes Urales. Los pequeños países bálticos, Estonia, Letonia y Lituania, están situados en la costa oriental del mar Báltico.

Matrioshkas

Las matrioshkas son muñecas de madera pintada que caben una dentro de otra. La mayor es una figura materna, y la más pequeña, un bebé. Son adornos populares en todo el mundo.

LEYENDA

AGRICULTURA
- Vino
- Sandías
- Fresas
- Frambuesas
- Patatas
- Girasoles
- Madera

INDUSTRIA
- Petróleo
- Gas
- Aviones
- Carbón
- Coches
- Barcos
- Papel

DEPORTES
- Fútbol
- Ajedrez
- Hockey sobre hielo

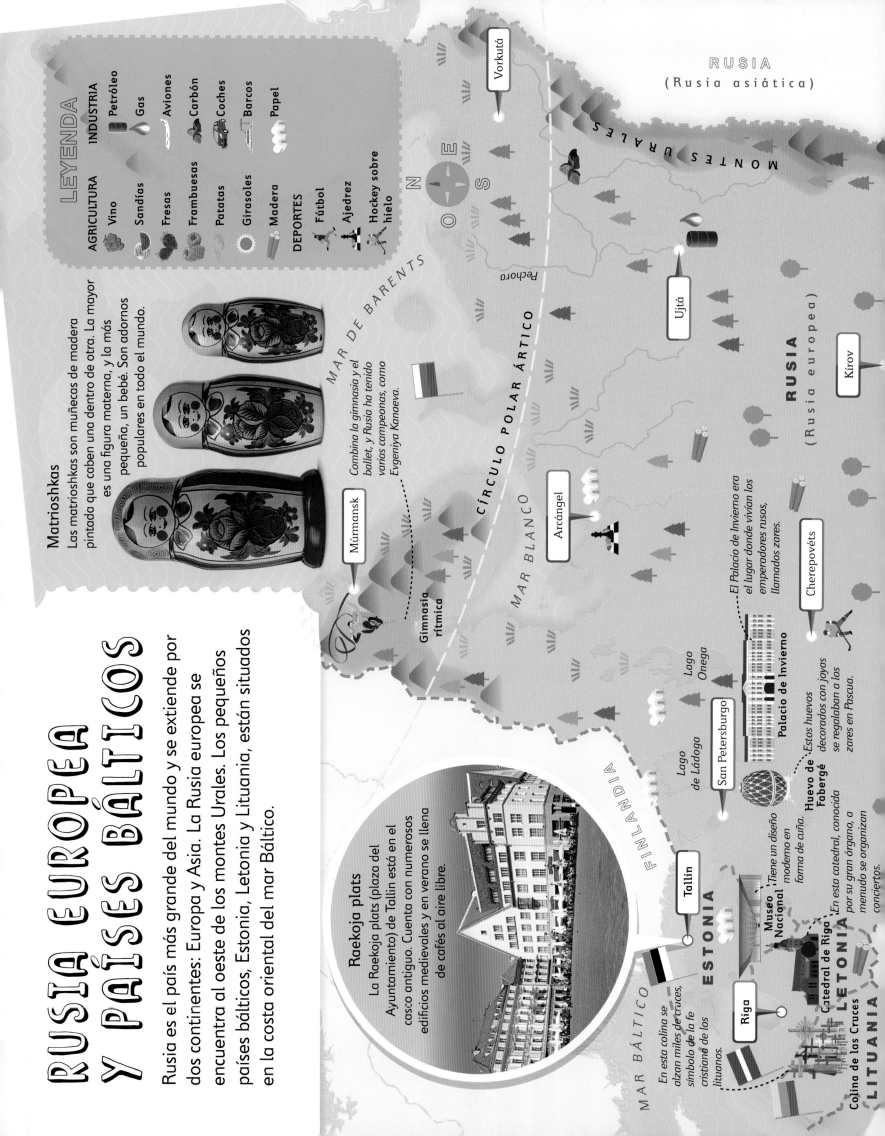

RUSIA
(Rusia asiática)

MONTES URALES

Vorkutá

MAR DE BARENTS

Pechora

CÍRCULO POLAR ÁRTICO

Murmansk

Gimnasia rítmica
Combina la gimnasia y el ballet, y Rusia ha tenido varias campeonas, como Evgeniya Kanaeva.

Ujtá

Kirov

RUSIA
(Rusia europea)

MAR BLANCO

Arcángel

Cherepovéts

Palacio de Invierno
El Palacio de Invierno era el lugar donde vivían los emperadores rusos, llamados zares.

Lago Onega

Lago de Ládoga

San Petersburgo

Huevo de Fabergé
Estos huevos decorados con joyas se regalaban a los zares en Pascua.

FINLANDIA

Raekoja plats

La Raekoja plats (plaza del Ayuntamiento) de Tallin está en el casco antiguo. Cuenta con numerosos edificios medievales y en verano se llena de cafés al aire libre.

Museo Nacional
Tiene un diseño moderno en forma de cuña.

Tallin

ESTONIA

MAR BÁLTICO

Riga

Catedral de Riga
En esta catedral, conocida por su gran órgano, a menudo se organizan conciertos.

LETONIA

Colina de las Cruces
En esta colina se alzan miles de cruces, símbolo de la fe cristiana de los lituanos.

LITUANIA

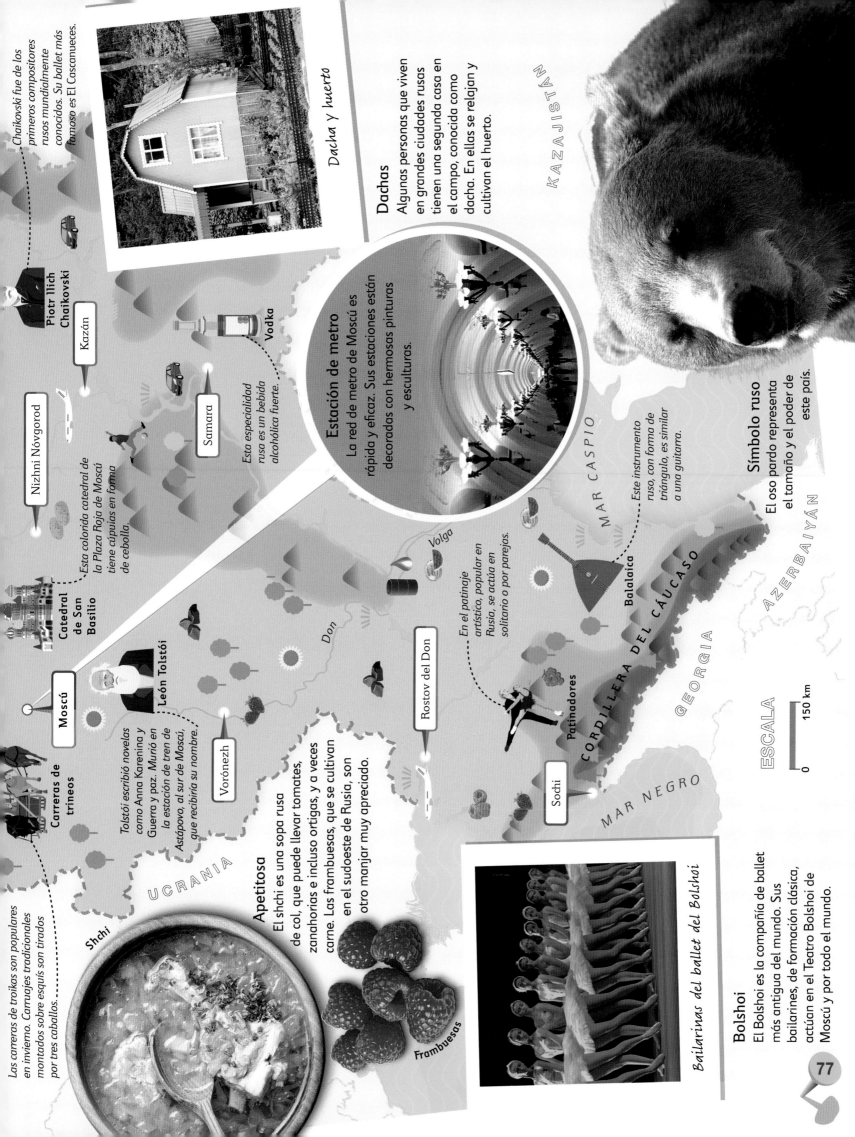

Chaikovski fue de los primeros compositores rusos mundialmente conocidos. Su ballet más famoso es El Cascanueces.

Piotr Ilich Chaikovski

Kazán

Nizhni Nóvgorod

Esta colorida catedral de la Plaza Roja de Moscú tiene cúpulas en forma de cebolla.

Catedral de San Basilio

Moscú

León Tolstói

Tolstói escribió novelas como Anna Karenina y Guerra y paz. Murió en la estación de tren de Astápovo, al sur de Moscú, que recibiría su nombre.

Vorónezh

Apetitosa

El shchi es una sopa rusa de col, que puede llevar tomates, zanahorias e incluso ortigas, y a veces carne. Las frambuesas, que se cultivan en el sudoeste de Rusia, son otro manjar muy apreciado.

Shchi

Frambuesas

Las carreras de troikas son populares en invierno. Carruajes tradicionales montados sobre esquís son tirados por tres caballos.

Carreras de trineos

UCRANIA

Dacha y huerto

Dachas

Algunas personas que viven en grandes ciudades rusas tienen una segunda casa en el campo, conocida como dacha. En ellas se relajan y cultivan el huerto.

Estación de metro

La red de metro de Moscú es rápida y eficaz. Sus estaciones están decoradas con hermosas pinturas y esculturas.

Vodka

Esta especialidad rusa es un bebida alcohólica fuerte.

Samara

Volga

Don

Rostov del Don

En el patinaje artístico, popular en Rusia, se actúa en solitario o por parejas.

Patinadores

Sochi

KAZAJISTÁN

MAR CASPIO

Este instrumento ruso, con forma de triángulo, es similar a una guitarra.

Balalaica

Símbolo ruso

El oso pardo representa el tamaño y el poder de este país.

CORDILLERA DEL CÁUCASO

GEORGIA

AZERBAIYÁN

MAR NEGRO

ESCALA

0   150 km

Bailarinas del ballet del Bolshoi

Bolshoi

El Bolshoi es la compañía de ballet más antigua del mundo. Sus bailarines, de formación clásica, actúan en el Teatro Bolshoi de Moscú y por todo el mundo.

RÍOS, LAGOS Y MONTAÑAS

La superficie de la Tierra está atravesada por arroyos, ríos, lagos y montañas. Muchos ríos nacen como arroyos en lo alto de las montañas, fluyen por los valles hasta las zonas bajas y desembocan en los mares. Los lagos son grandes masas de agua rodeados de tierra. Las montañas se forman a lo largo de millones de años, debido al empuje de los continentes entre sí, forzando el suelo hacia arriba.

Amazonas, América del Sur

Congo, África

Ganges, Asia

Orinoco, América del Sur

Yangtsé, Asia

Los cinco ríos más caudalosos

El Amazonas es, con diferencia, el que lleva más agua. Cada uno de los siguientes tiene menos de una quinta parte del Amazonas. Los ríos más caudalosos se forman donde hay fuertes lluvias y tienen una gran superficie para captarlas.

Los cinco ríos más largos

Los ríos más largos del mundo atraviesan grandes continentes, desde las montañas hasta el mar abierto.

Nilo, África 6853 km — El Nilo desemboca en el mar Mediterráneo

Amazonas, América del Sur 6437 km

Yangtsé, Asia 6300 km — El Yangtsé desemboca en el océano Pacífico

Misisipi, América del Norte 3734 km — El Misisipi desemboca en el golfo de México

Yeniséi, Asia 3487 km — El Yeniséi desemboca en el océano Ártico

Las cinco mayores montañas

Las montañas más altas del mundo están todas en Asia. Se encuentran en las fronteras entre China, India, Nepal y Pakistán. Su diferencia de altura es poca, pero no hay duda de que el monte Everest es el más alto.

Cercana al Everest, su nombre significa «pico del sur».

El Everest está en la frontera entre Nepal y China.

El K2 está entre China y Pakistán.

El Makalu es de las más difíciles de escalar.

Esta montaña está entre Nepal e India.

1. Monte Everest 8848 m

2. K2 8611 m

4. Lhotse 8516 m

5. Makalu 8485 m

3. Kangchenjunga 8586 m

Los tres lagos más grandes

Los mayores lagos están repartidos por cuatro continentes. El más grande, el mar Caspio, entre Asia y Europa, tiene agua salada y por tanto es a la vez un mar y un lago. El lago Superior es el mayor de agua dulce del mundo.

El lago Victoria es el mayor lago tropical y es la fuente del río Nilo.

1. Mar Caspio, Asia y Europa
371 000 km²

3. Lago Victoria, África
69 485 km²

2. Lago Superior, América del Norte
82 414 km²

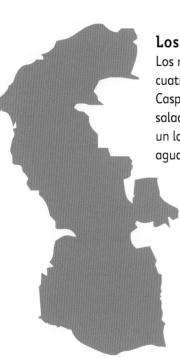

TIERRA DE LAGOS

En Finlandia hay más de 187 000 lagos. Por ello, recibe el nombre de el «país de los mil lagos».

El Amazonas desemboca en el océano Atlántico

RIO MÁS RÁPIDO

El Amazonas es el río del mundo que fluye a mayor velocidad. Sus olas son tan fuertes que se puede surfear por él.

Las montañas constituyen una quinta parte del paisaje del planeta.

1. Volcán Tambora, Indonesia 1815 d. C.

2. Volcán Changbaishan, China 969 d. C.

3. Monte Tera, Santorini, Grecia 1610 a. C.

Tres potentes erupciones volcánicas

Muchos volcanes son también montañas. Cuando entran en erupción, pueden causar grandes daños y cambiar el paisaje. Estas son tres de las mayores erupciones volcánicas de la historia.

ASIA

Asia es el mayor continente de la Tierra y alberga a más de la mitad de la población mundial. Contiene desde naciones grandes e influyentes, como China, hasta el diminuto estado de Catar. El paisaje incluye desiertos, bosques, montañas nevadas y amplias extensiones de campo abierto.

ESCALA

0   1000 km

Mar Muerto
El mar Muerto, que baña Israel, Jordania y Cisjordania, es un gran lago salado. Su nombre se debe a que el agua es demasiado salada para que haya vida en él. Sin embargo, la sal facilita la flotación y también se usa en productos cosméticos.

Paso Khyber
Este paso elevado a través de las montañas entre Afganistán y Pakistán une el centro y el sur de Asia. Era una parte clave de la antigua Ruta de la Seda, a lo largo de la cual se comerciaba entre Europa y Asia.

Río Ganges
Este largo río desciende de las montañas del Himalaya hasta el golfo de Bengala. Más de 4 millones de personas viven en las fértiles tierras de cultivo que lo bordean. Es considerado sagrado por los hindúes.

MAR MEDITERRÁNEO

CHIPRE

TURQUÍA

MAR NEGRO

GEORGIA

ARMENIA

AZERBAIYÁN

LÍBANO

SIRIA

MAR CASPIO

ISRAEL

JORDANIA

IRAK

IRÁN

TURKMENISTÁN

KAZAJISTÁN

UZBEKISTÁN

KIRGUISTÁN

TAYIKISTÁN

AFGANISTÁN

KUWAIT

MAR ROJO

ARABIA SAUDÍ

BARÉIN

CATAR

EMIRATOS ÁRABES UNIDOS

PAKISTÁN

OMÁN

YEMEN

GOLFO DE ADÉN

Socotra

MAR ARÁBIGO

INDIA

GOLF

SRI LANK

Maldivas

OCÉANO ÍNDICO

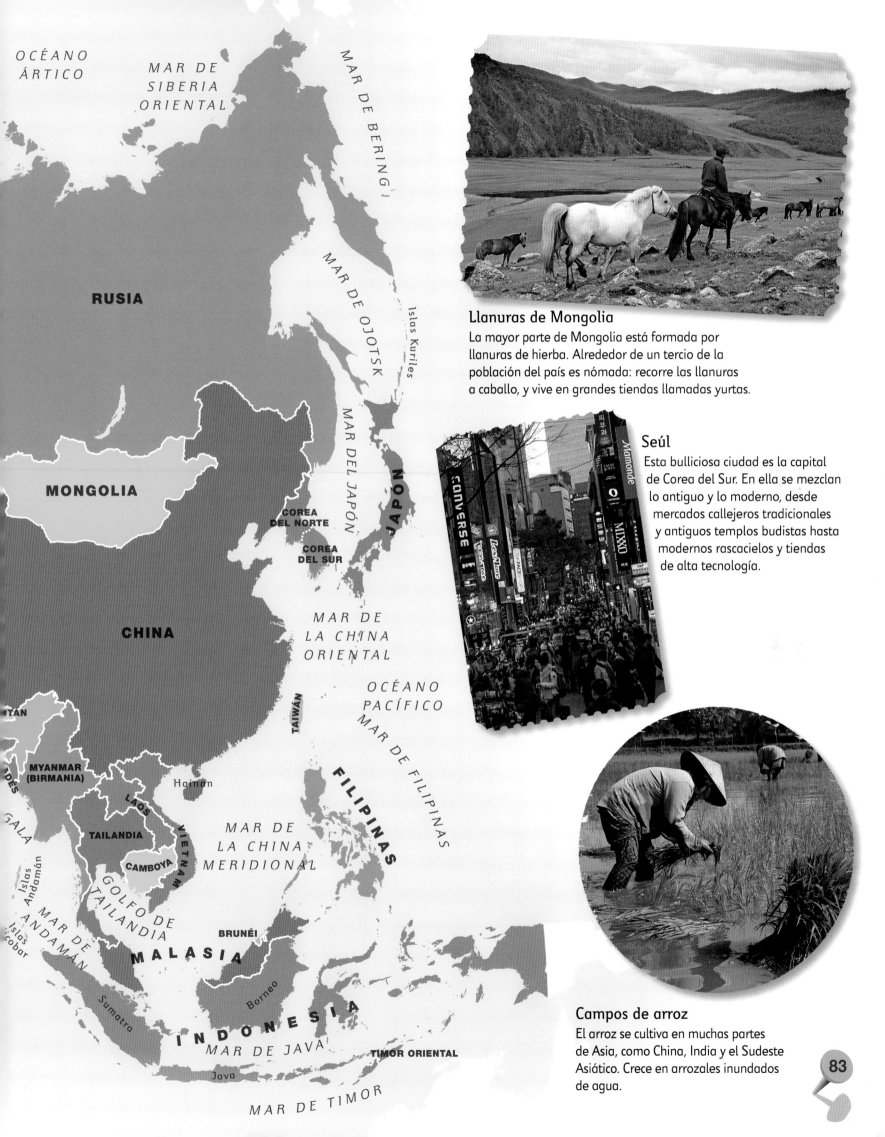

OCÉANO
ÁRTICO

MAR DE
SIBERIA
ORIENTAL

MAR DE BERING

RUSIA

MAR DE OJOTSK

Islas Kuriles

MAR DEL JAPÓN

JAPÓN

MONGOLIA

COREA
DEL NORTE

COREA
DEL SUR

CHINA

MAR DE
LA CHINA
ORIENTAL

TAIWÁN

OCÉANO
PACÍFICO

MAR DE FILIPINAS

FILIPINAS

TÁN

MYANMAR
(BIRMANIA)

Hainan

DES

LAOS

GALA

TAILANDIA

VIETNAM

MAR DE
LA CHINA
MERIDIONAL

Islas
Andamán

CAMBOYA

GOLFO DE
TAILANDIA

MAR DE
ANDAMÁN

Islas
cobar

BRUNÉI

MALASIA

Borneo

Sumatra

INDONESIA

MAR DE JAVA

TIMOR ORIENTAL

Java

MAR DE TIMOR

Llanuras de Mongolia

La mayor parte de Mongolia está formada por llanuras de hierba. Alrededor de un tercio de la población del país es nómada: recorre las llanuras a caballo, y vive en grandes tiendas llamadas yurtas.

Seúl

Esta bulliciosa ciudad es la capital de Corea del Sur. En ella se mezclan lo antiguo y lo moderno, desde mercados callejeros tradicionales y antiguos templos budistas hasta modernos rascacielos y tiendas de alta tecnología.

Campos de arroz

El arroz se cultiva en muchas partes de Asia, como China, India y el Sudeste Asiático. Crece en arrozales inundados de agua.

83

RUSIA ASIÁTICA Y KAZAJISTÁN

La Rusia asiática se extiende desde la frontera con Europa hasta el Pacífico. Gran parte del paisaje es escarpado y está poco habitado. Kazajistán está al sudoeste. También tiene grandes espacios abiertos, como las vastas llanuras de la estepa kazaja.

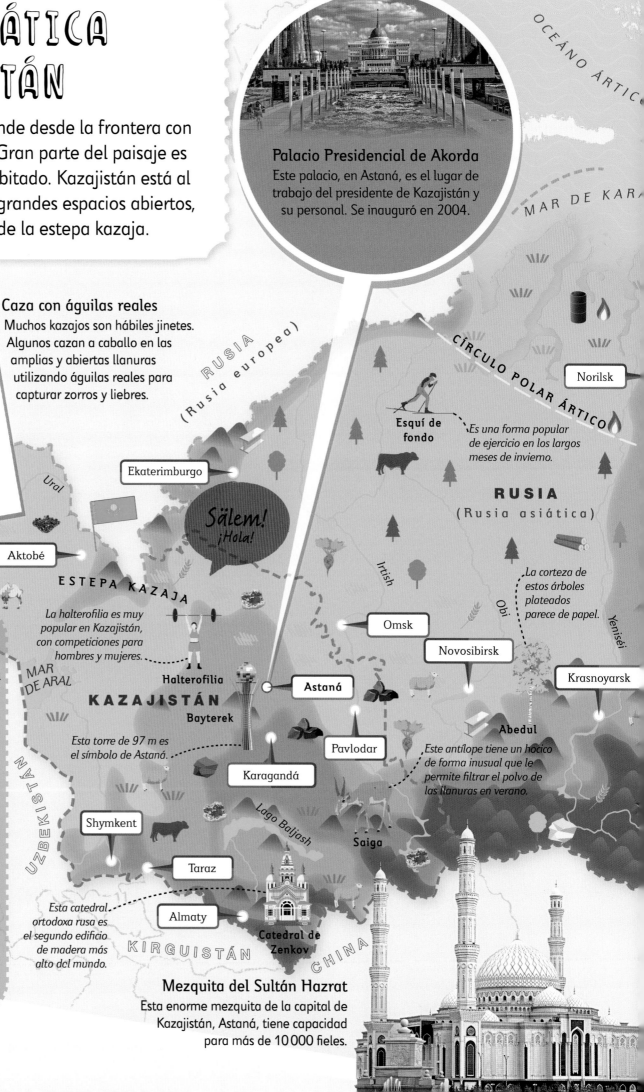

Palacio Presidencial de Akorda
Este palacio, en Astaná, es el lugar de trabajo del presidente de Kazajistán y su personal. Se inauguró en 2004.

OCÉANO ÁRTICO

MAR DE KARA

Caza con águilas reales
Muchos kazajos son hábiles jinetes. Algunos cazan a caballo en las amplias y abiertas llanuras utilizando águilas reales para capturar zorros y liebres.

RUSIA (Rusia europea)

CÍRCULO POLAR ÁRTICO

Norilsk

Esquí de fondo
Es una forma popular de ejercicio en los largos meses de invierno.

RUSIA (Rusia asiática)

Kazajos cazando

Ekaterimburgo

Ural

Sälem!
¡Hola!

MAR CASPIO

Aktobé

Irtish

Obi

Yeniséi

La corteza de estos árboles plateados parece de papel.

Aktau

ESTEPA KAZAJA

La halterofilia es muy popular en Kazajistán, con competiciones para hombres y mujeres.

Omsk

Novosibirsk

Krasnoyarsk

LEYENDA

AGRICULTURA Y GANADERÍA

	INDUSTRIA
Trigo	Gas natural
Remolacha azucarera	Petróleo
Ganado vacuno	Carbón
Salmones	Diamantes
Ovejas	Oro
Camellos bactrianos	Madera
	Aluminio
DEPORTES	Acero
Hockey sobre hielo	Hierro
FENÓMENOS NATURALES	Uranio
Volcanes	Cromo
Terremotos	

MAR DE ARAL

Halterofilia

KAZAJISTÁN

Bayterek

Astaná

Pavlodar

Abedul

Este antílope tiene un hocico de forma inusual que le permite filtrar el polvo de las llanuras en verano.

Esta torre de 97 m es el símbolo de Astaná.

Karagandá

Saiga

UZBEKISTÁN

Shymkent

Lago Baljash

Taraz

Almaty

Catedral de Zenkov

Esta catedral ortodoxa rusa es el segundo edificio de madera más alto del mundo.

KIRGUISTÁN

CHINA

Mezquita del Sultán Hazrat
Esta enorme mezquita de la capital de Kazajistán, Astaná, tiene capacidad para más de 10 000 fieles.

ESCALA

0 — 600 km

Estación Espacial Internacional
Esta estación que orbita la Tierra se construyó con tecnología rusa. La nave espacial rusa Soyuz le suministra personal y provisiones.

Nave espacial Soyuz

ESTADOS UNIDOS

MAR DE BERING

MAR DE LÁPTEV

Esta pequeña ardilla puede planear de un árbol a otro, estirando la piel entre sus patas como paracaídas.

Ardilla voladora siberiana

Zdravstvuyte! ¡Hola!

Con 4750 m, es el volcán activo más alto de Europa y Asia.

Kliuchevskói

Lena

Magadán

Salmón del Pacífico

Yakutsk

Yakutos

Los yakutos viven en el este de Rusia. Cerca de la costa, se dedican a la pesca y al cuidado de renos, mientras que en el sur, crían ganado vacuno y caballos.

Estas fuentes termales calientan el agua de forma natural hasta entre 40 y 60 °C.

Aguas termales de la península de Kamchatka

Cría de salmones
El salmón del Pacífico se cría en la costa oriental de Rusia. Son mantenidos en zonas del mar con redes y alimentados con comida para peces.

Esta pequeña foca solo vive en el lago Baikal.

Nerpa

Irkutsk

Es el ferrocarril más largo del mundo, con 9300 km desde Moscú, en Europa, hasta el lejano oriente de Rusia.

Amur

Jabárovsk

Tigre siberiano
El tigre de Amur, o siberiano, vive en los bosques del extremo oriental de Rusia. Los escasos ejemplares en libertad están en zonas protegidas.

Lago Baikal

MONTES YÁBLONOI

Lago Baikal
El lago Baikal es el de agua dulce más antiguo y profundo del mundo. Alberga más de 1500 especies únicas de flora y fauna.

MONGOLIA

N O E S

CHINA

Tren Transiberiano

Vladivostok

TURQUÍA

Parte en Asia y parte en Europa, Turquía está influida tanto por la cultura oriental como por la occidental. Estambul, la histórica ciudad a orillas del Bósforo, une ambos continentes. Este enorme país tiene un paisaje variado, con montañas, lagos, playas y lugares históricos que lo hacen atractivo para el turismo.

Palacio de Topkapi
Este gran palacio fue en su día la residencia de los gobernantes del Imperio otomano. Actualmente es un gran museo.

Azulejos, Palacio de Topkapi

Azulejos
Los azulejos pintados de Iznik decoran el Palacio de Topkapi, en Estambul.

Pamukkale
Esta formación geológica se conoce como «castillo de algodón». Tiene terrazas de caliza blanca y piscinas termales, así como restos romanos.

BULGARIA

GRECIA

Voleibol
El voleibol es un deporte muy popular.

Sabiha Gökçen fue la primera mujer piloto de combate. Un aeropuerto de Estambul lleva su nombre.

Sabiha Gökçen

Bósforo

Estambul

MAR DE MÁRMARA

Santa Sofía

Santa Sofía, construida como iglesia cristiana, es ahora una mezquita.

Estos pinos son importantes en la industria maderera.

Pino de Chipre

Bursa

Eskişehir

Mustafa Kemal Atatürk

Primer presidente turco, trasladó la capital a Ankara en 1923, en lugar de Estambul.

Ankara

Balıkesir

Merhaba!
¡Hola!

TURQUÍA

Esmirna

Este antiguo edificio romano de Éfeso fue parcialmente destruido por un terremoto en 262 d. C.

Esta antigua ciudad se construyó sobre aguas termales. Tenía unos baños romanos y un anfiteatro.

Lago Tuz

Iconio

Biblioteca de Celso

Denizli

Hierápolis

El agua de estas cascadas cae por un acantilado al mar Mediterráneo.

Castillo de Bodrum

Este castillo de piedra protegía antiguamente el puerto de Bodrum.

Cascadas Düden

MONTES TAURO

Mersin

Antalya

MAR MEDITERRÁNEO

CHIPRE

86

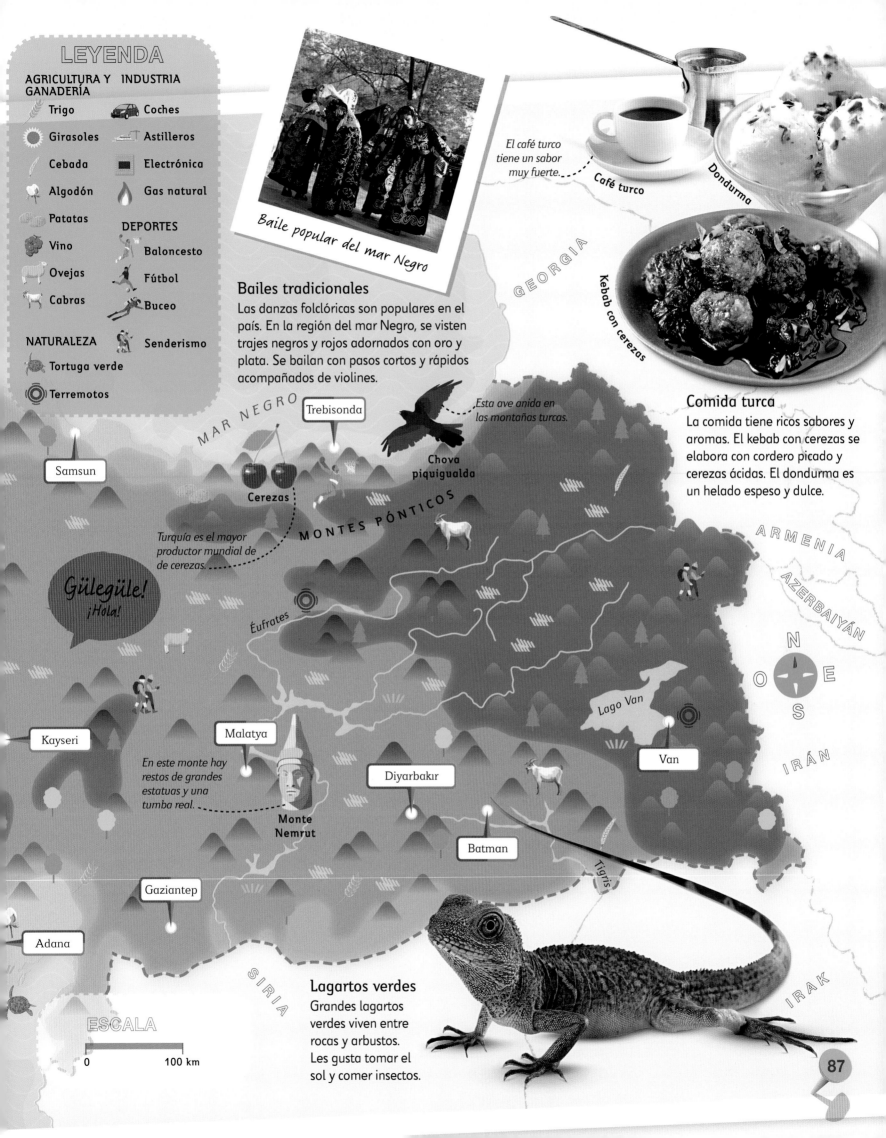

LEYENDA

AGRICULTURA Y GANADERÍA

- Trigo
- Girasoles
- Cebada
- Algodón
- Patatas
- Vino
- Ovejas
- Cabras

INDUSTRIA

- Coches
- Astilleros
- Electrónica
- Gas natural

DEPORTES

- Baloncesto
- Fútbol
- Buceo
- Senderismo

NATURALEZA

- Tortuga verde
- Terremotos

Baile popular del mar Negro

Bailes tradicionales

Las danzas folclóricas son populares en el país. En la región del mar Negro, se visten trajes negros y rojos adornados con oro y plata. Se bailan con pasos cortos y rápidos acompañados de violines.

El café turco tiene un sabor muy fuerte. — Café turco

Dondurma

Kebab con cerezas

Comida turca

La comida tiene ricos sabores y aromas. El kebab con cerezas se elabora con cordero picado y cerezas ácidas. El dondurma es un helado espeso y dulce.

GEORGIA

MAR NEGRO

Trebisonda

Esta ave anida en las montañas turcas.

Chova piquigualda

Samsun

Cerezas

MONTES PÓNTICOS

Turquía es el mayor productor mundial de de cerezas.

ARMENIA

AZERBAIYÁN

Güleğüle!
¡Hola!

Éufrates

Lago Van

Van

Kayseri

Malatya

En este monte hay restos de grandes estatuas y una tumba real.

Monte Nemrut

Diyarbakır

Batman

IRÁN

N
O   E
S

Gaziantep

Tigris

Adana

SIRIA

IRAK

Lagartos verdes

Grandes lagartos verdes viven entre rocas y arbustos. Les gusta tomar el sol y comer insectos.

ESCALA

0   100 km

SIRIA Y LÍBANO

Siria es en gran parte un desierto cálido y la mayoría de la población vive en la zona del litoral, más fresca y fértil. Líbano, un pequeño país costero, tiene una variada historia religiosa y cultural. El territorio de ambos países formó parte del Imperio romano.

Tejido de alfombras

En Siria se producen hermosas alfombras tejidas a mano. El rojo y el negro son los colores más típicos de los detallados diseños tradicionales.

Mujer tejiendo en un telar

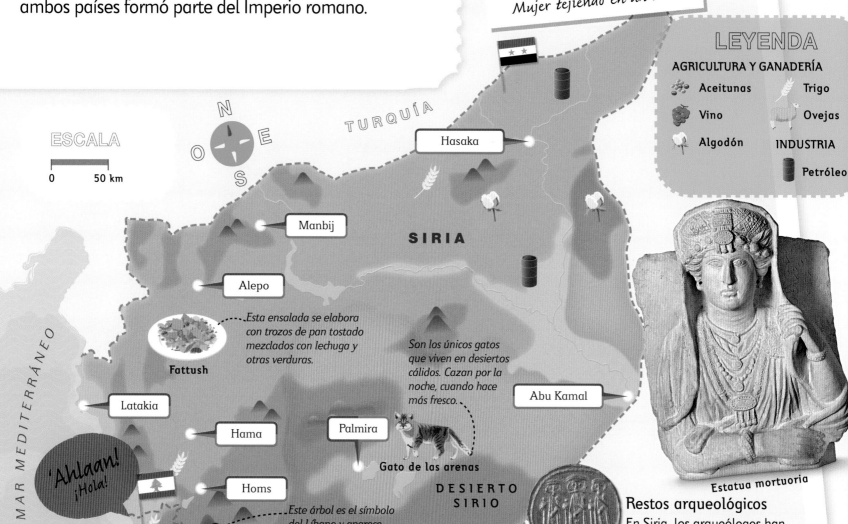

LEYENDA

AGRICULTURA Y GANADERÍA

- Aceitunas
- Vino
- Algodón
- Trigo
- Ovejas

INDUSTRIA

- Petróleo

ESCALA

0   50 km

N O E S

TURQUÍA

Hasaka

SIRIA

Manbij

Alepo

Esta ensalada se elabora con trozos de pan tostado mezclados con lechuga y otras verduras.

Fattush

Son los únicos gatos que viven en desiertos cálidos. Cazan por la noche, cuando hace más fresco.

Abu Kamal

MAR MEDITERRÁNEO

Latakia

Hama

Palmira

Gato de las arenas

'Ahlaan! ¡Hola!

Homs

DESIERTO SIRIO

Este árbol es el símbolo del Líbano y aparece en su bandera.

Trípoli

Cedro del Líbano

También conocida como la Mezquita de los Omeyas, es una de las más antiguas y grandes del mundo.

Gran Mezquita de Damasco

Beirut

Mezquita Mohammed Al-Amin

Damasco

Esta mezquita moderna tiene una cúpula azul y cuatro altos minaretes (torres).

LÍBANO

Tiro

IRAK

JORDANIA

ISRAEL

Tabbule

Fatayer

Dinar omeya

Restos arqueológicos

En Siria, los arqueólogos han hallado objetos antiguos, como dinares omeyas (unas monedas de oro) y estatuas mortuorias que marcaban las tumbas.

Estatua mortuoria

Arquitectura romana

Los restos romanos de la ciudad de Tiro, en el sur del Líbano, son de los mejor conservados del mundo.

Comida libanesa

La comida libanesa incluye deliciosos aperitivos como el fatayer, un pastelito relleno de carne, espinacas o queso, y platos ligeros como el tabbule, una ensalada de trigo bulgur, tomates, cebollas y hierbas.

Arco de Triunfo, Tiro

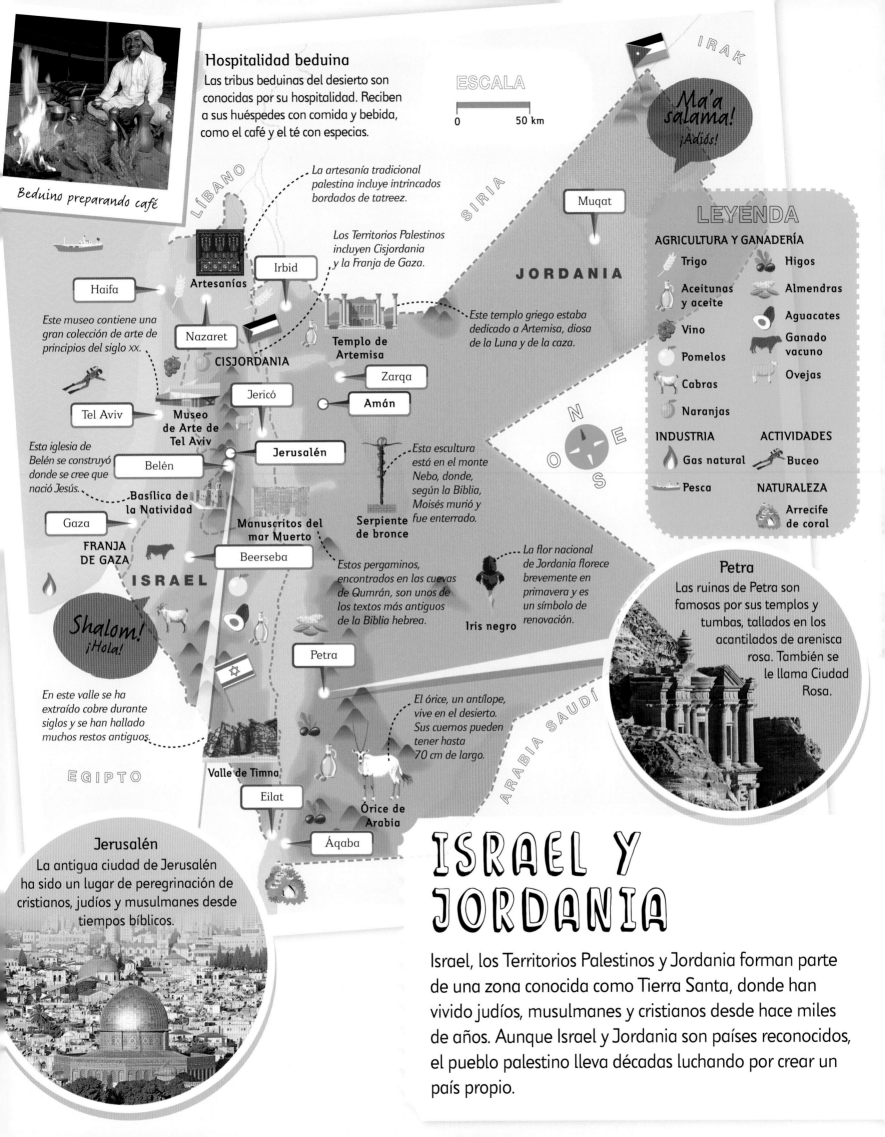

Hospitalidad beduina

Las tribus beduinas del desierto son conocidas por su hospitalidad. Reciben a sus huéspedes con comida y bebida, como el café y el té con especias.

Beduino preparando café

ESCALA

0   50 km

La artesanía tradicional palestina incluye intrincados bordados de tatreez.

Los Territorios Palestinos incluyen Cisjordania y la Franja de Gaza.

LÍBANO

SIRIA

IRAK

Ma'a salama!
¡Adiós!

Muqat

JORDANIA

Haifa

Irbid

Artesanías

Nazaret

Este museo contiene una gran colección de arte de principios del siglo XX.

CISJORDANIA

Tel Aviv

Museo de Arte de Tel Aviv

Jericó

Zarqa

Amán

Templo de Artemisa

Este templo griego estaba dedicado a Artemisa, diosa de la Luna y de la caza.

Jerusalén

Esta iglesia de Belén se construyó donde se cree que nació Jesús.

Belén

Basílica de la Natividad

Gaza

FRANJA DE GAZA

I S R A E L

Manuscritos del mar Muerto

Beerseba

Serpiente de bronce

Esta escultura está en el monte Nebo, donde, según la Biblia, Moisés murió y fue enterrado.

Estos pergaminos, encontrados en las cuevas de Qumrán, son unos de los textos más antiguos de la Biblia hebrea.

La flor nacional de Jordania florece brevemente en primavera y es un símbolo de renovación.

Iris negro

Shalom!
¡Hola!

En este valle se ha extraído cobre durante siglos y se han hallado muchos restos antiguos.

Petra

El órice, un antílope, vive en el desierto. Sus cuernos pueden tener hasta 70 cm de largo.

EGIPTO

Valle de Timna

Eilat

Órice de Arabia

Áqaba

LEYENDA

AGRICULTURA Y GANADERÍA

- Trigo
- Aceitunas y aceite
- Vino
- Pomelos
- Cabras
- Naranjas
- Higos
- Almendras
- Aguacates
- Ganado vacuno
- Ovejas

INDUSTRIA

- Gas natural
- Pesca

ACTIVIDADES

- Buceo

NATURALEZA

- Arrecife de coral

Petra

Las ruinas de Petra son famosas por sus templos y tumbas, tallados en los acantilados de arenisca rosa. También se le llama Ciudad Rosa.

ARABIA SAUDÍ

Jerusalén

La antigua ciudad de Jerusalén ha sido un lugar de peregrinación de cristianos, judíos y musulmanes desde tiempos bíblicos.

ISRAEL Y JORDANIA

Israel, los Territorios Palestinos y Jordania forman parte de una zona conocida como Tierra Santa, donde han vivido judíos, musulmanes y cristianos desde hace miles de años. Aunque Israel y Jordania son países reconocidos, el pueblo palestino lleva décadas luchando por crear un país propio.

IRÁN, IRAK Y ARABIA SAUDÍ

Irán, Irak y Arabia Saudí abarcan grandes desiertos cálidos y arenosos, con enormes reservas de petróleo y gas natural. Algunas de las primeras civilizaciones del mundo surgieron en estas tierras y han dejado numerosos restos arqueológicos.

Azulejo de Isfahán

Comida refinada
Esta región destaca por producir algunos de los manjares más preciados del mundo, como dátiles de gran calidad, azafrán o caviar.

Dátiles

Azafrán

Caviar

Azulejos de colores
El Imperio safávida gobernó Persia (actual Irán) desde el siglo XIV hasta el XVIII. La capital del imperio era Isfahán, conocida por su refinado arte y sus azulejos de colores.

El tesoro de Ur
Antiguamente, Ur fue una ciudad importante, situada en el actual Irak. Se han hallado muchos tesoros en sus tumbas, como joyas de oro y una lira decorada con una cabeza de toro.

Joya de oro

Lira con cabeza de toro

Joyas de la reina
Los beduinos viven en tiendas de campaña en el desierto.

Tienda beduina

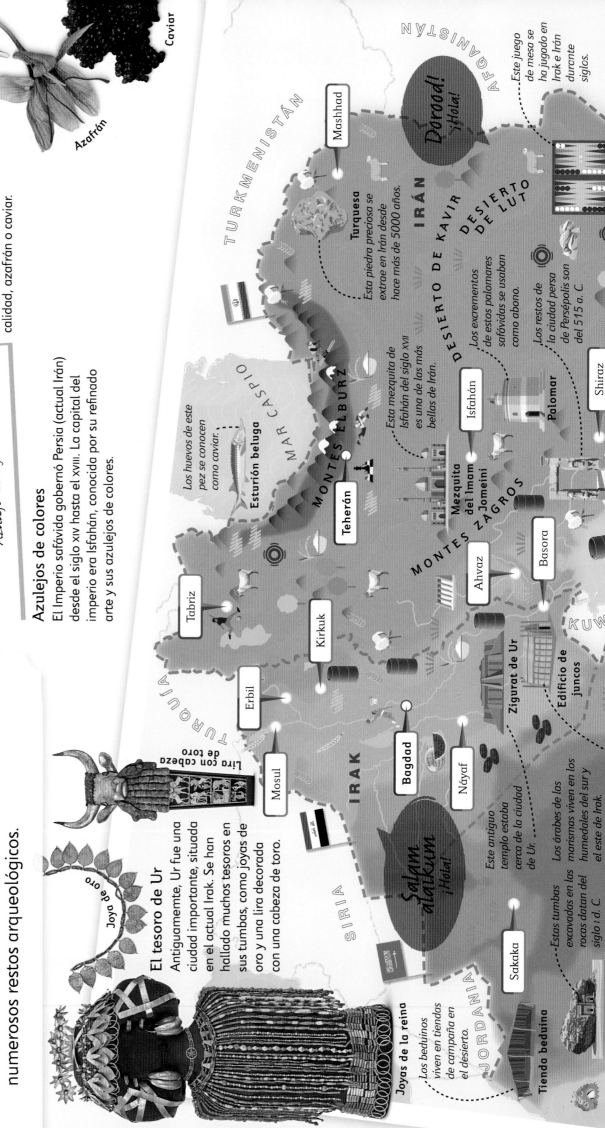

TURKMENISTÁN

MAR CASPIO

MONTES ELBURZ

MONTES ZAGROS

DESIERTO DE KAVIR

DESIERTO DE LUT

IRÁN

AFGANISTÁN

TURQUÍA

SIRIA

IRAK

JORDANIA

KUWAIT

DESIERTO ARÁBIGO

Mashhad

Teherán

Tabriz

Kirkuk

Erbil

Mosul

Bagdad

Náyaf

Basora

Ahvaz

Isfahán

Shiraz

Persépolis

Zahedán

Sakaka

Mada'in Saleh

¡Dorōōd!
¡Hola!

¡Salam alaikum!
¡Hola!

Turquesa
Esta piedra preciosa se extrae en Irán desde hace más de 5000 años.

Esta mezquita de Isfahán del siglo XVII es una de las más bellas de Irán.

Los huevos de este pez se conocen como caviar.
Esturión beluga

Los excrementos de estos palomares safávidas se usaban como abono.
Palomar

Los restos de la ciudad persa de Persépolis son del 515 a. C.

Mezquita del Imam Jomeini

Este juego de mesa se ha jugado en Irak e Irán durante siglos.
Backgammon

Este antiguo templo estaba cerca de la ciudad de Ur.
Zigurat de Ur

Los árabes de las marismas viven en los humedales del sury el este de Irak. Hacen casas de juncos.
Edificio de juncos

Estas tumbas excavadas en las rocas datan del siglo I d. C.

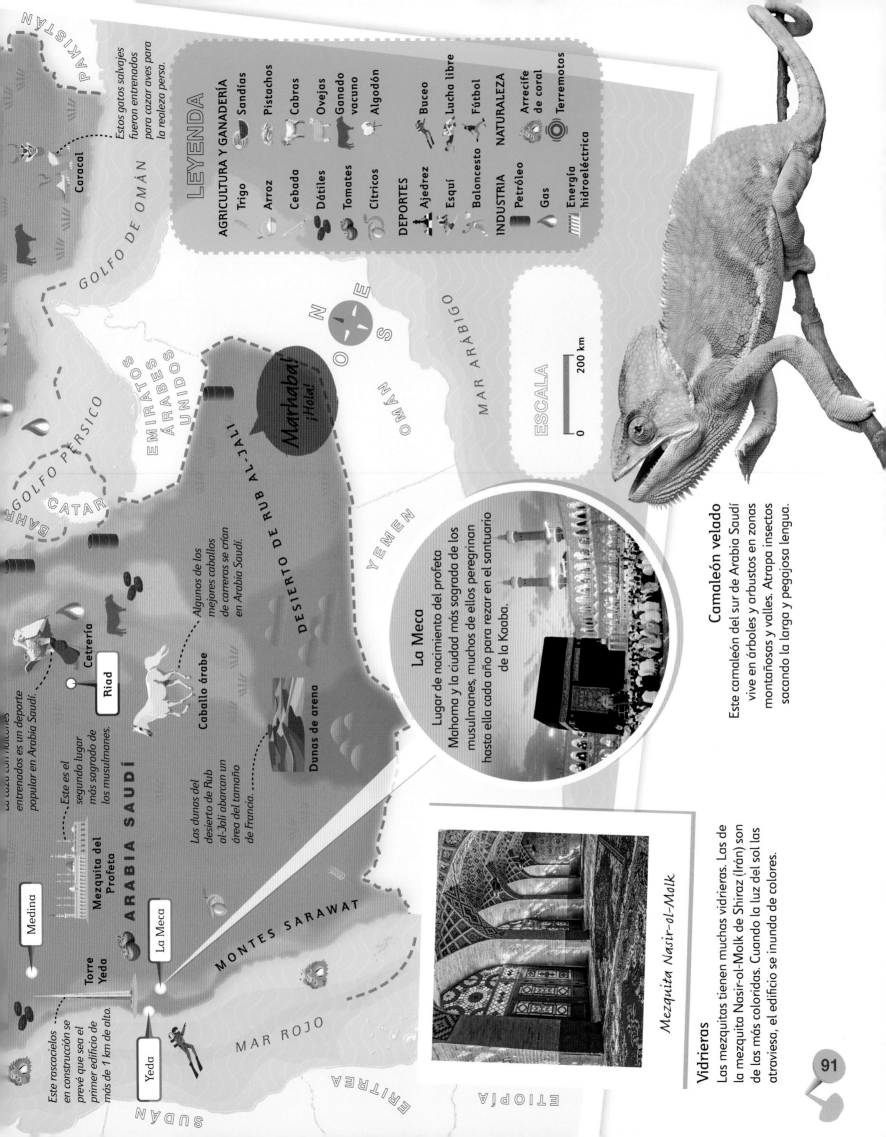

LEYENDA

AGRICULTURA Y GANADERÍA

Trigo
Arroz
Cebada
Dátiles
Tomates
Cítricos
Algodón
Sandías
Pistachos
Cabras
Ovejas
Ganado vacuno

DEPORTES

Ajedrez
Esquí
Baloncesto
Buceo
Lucha libre
Fútbol

INDUSTRIA

Petróleo
Gas
Energía hidroeléctrica

NATURALEZA

Arrecife de coral
Terremotos

PAKISTÁN

GOLFO DE OMÁN

GOLFO PÉRSICO

BAHR

CATAR

EMIRATOS ÁRABES UNIDOS

OMÁN

MAR ARÁBIGO

Caracal
Estos gatos salvajes fueron entrenados para cazar aves para la realeza persa.

¡Marhaba!
¡Hola!

ESCALA

0   200 km

Riad

Cetrería
...la caza con halcones entrenados es un deporte popular en Arabia Saudí.

Este es el segundo lugar más sagrado de los musulmanes.

Mezquita del Profeta

Medina

Este rascacielos en construcción se prevé que sea el primer edificio de más de 1 km de alto.

Torre Yeda

Caballo árabe
Algunos de los mejores caballos de carreras se crían en Arabia Saudí.

ARABIA SAUDÍ

DESIERTO DE RUB AL-JALÍ

Las dunas del desierto de Rub al-Jalí abarcan un área del tamaño de Francia.

Dunas de arena

YEMEN

La Meca
Lugar de nacimiento del profeta Mahoma y la ciudad más sagrada de los musulmanes, muchos de ellos peregrinan hasta ella cada año para rezar en el santuario de la Kaaba.

La Meca

MONTES SARAWAT

MAR ROJO

SUDÁN

ERITREA

ETIOPÍA

Yeda

Mezquita Nasir-ol-Molk

Vidrieras

Las mezquitas tienen muchas vidrieras. Las de la mezquita Nasir-ol-Molk de Shiraz (Irán) son de las más coloridas. Cuando la luz del sol las atraviesa, el edificio se inunda de colores.

Camaleón velado

Este camaleón del sur de Arabia Saudí vive en árboles y arbustos en zonas montañosas y valles. Atrapa insectos sacando la larga y pegajosa lengua.

AFGANISTÁN

Afganistán está entre Asia Central y China. Antes, se transportaban la seda china y otras mercancías a lo largo de la Ruta de la Seda, que pasaba por las montañas del Hindukush. Las temperaturas en los desiertos y las montañas de Afganistán van de muy calurosas en verano a un frío glacial en invierno.

Lagos de Band-e Amir

En Band-e Amir, en las montañas del Hindukush, hay seis profundos lagos uno junto a otro. Forman parte del primer parque nacional de Afganistán.

Estos carneros tienen grandes cuernos en espir... que pueden med... 70 cm.

Carnero de Marco Polo

Herat

Esta ciudadela tiene 18 torres y muros de 2 m de grosor. Está en el lugar de un fuerte levantado por Alejandro Magno en el 330 a. C.

Esta preciada piedra preciosa se extrae en Afganistán desde hace más de 5000 años.

TURKMENISTÁN

UZBEKISTÁN

TAYIKISTÁN

CHINA

Mazar-i-Sharif

HINDUKUSH

Lapislázuli

Yalalabad

En estas cuevas se descubrieron estatuas y manuscritos budistas antiguos.

Los pistachos silvestres crecen en muchas partes de Afganistán.

Pistachos

Albaricoques

Bamiyán

Cuevas de Bamiyán

Kabul

Paso Khyber
Este paso une Afganistán y Pakistán.

Granadas

IRÁN

PAKISTÁN

Frutas y frutos secos

Los campos de Afganistán producen algunos de los frutos secos y frutas más sabrosos del mundo, entre ellos grandes cantidades de pistachos, albaricoques y granadas.

Herat

Árbol de pistacho

Hari Rud

Jama Masjid
Esta gran mezquita de Herat está cubierta de azulejos vidriados.

Alfombra afgana

Las alfombras afganas son apreciadas en todo el mundo.

Faroh Rud

Kandahar

DESIERTO DE REGISTÁN

Helmand

Oro bactriano

Esta pieza de oro fue descubierta en túmulos funerarios del norte de Afganistán en 1978, junto a joyas, monedas y figuras.

Gorro bordado

La ropa tradicional de Afganistán está bordada con hilos de colores, como este sombrero de niño.

LEYENDA

AGRICULTURA Y GANADERÍA

- Trigo
- Maíz
- Cebada
- Arroz
- Patatas
- Pasas
- Albaricoques

- Algodón
- Ovejas
- Cabras
- Granadas

NATURALEZA

- Zafiros
- Terremotos

ESCALA

0 — 100 km

Salaam!
¡Hola!

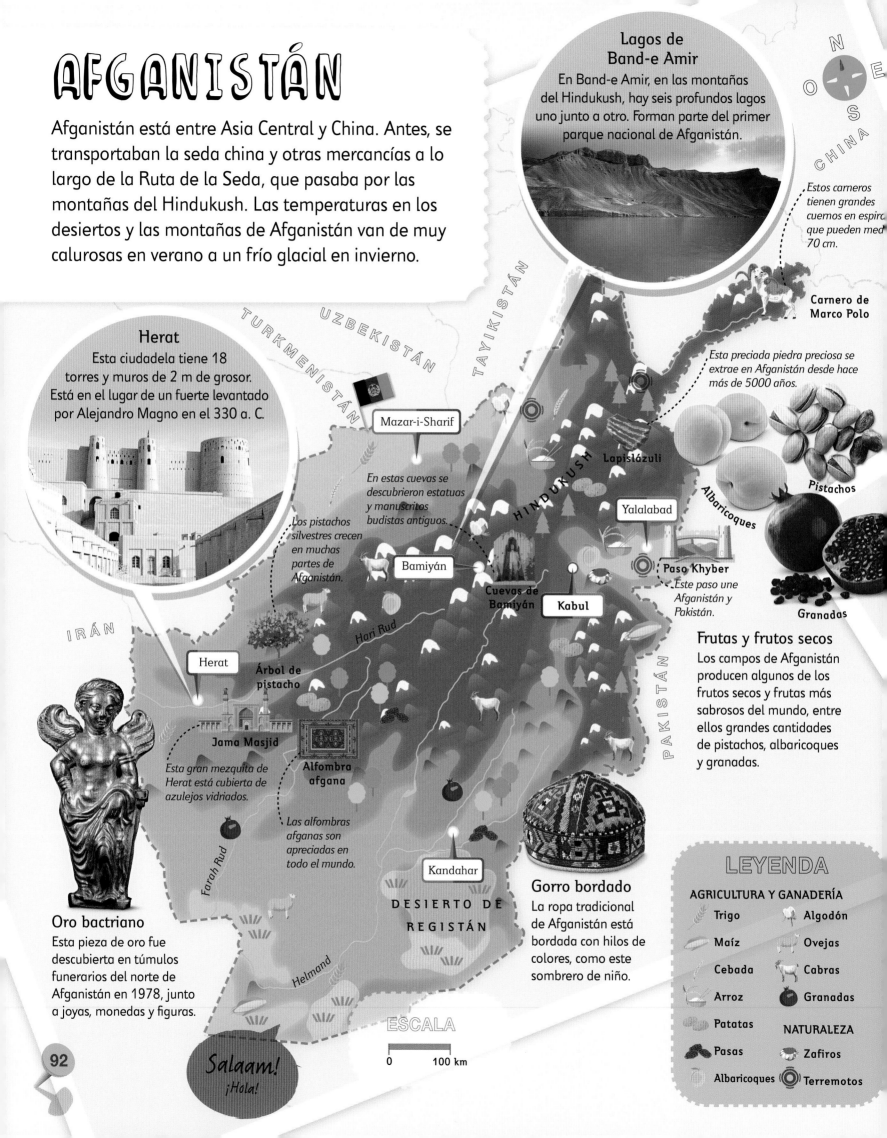

PAKISTÁN

Pakistán es el quinto país más poblado del mundo. Muchas personas viven a lo largo del río Indo y sus afluentes, que fluyen por el centro del país y proporcionan agua para regar las fértiles tierras de labranza de las riberas del río. La agricultura es la principal fuente de ingresos de Pakistán.

El leopardo de las nieves vive en las montañas del norte de Pakistán, entre ellas el K2, la segunda montaña más alta del mundo.

HINDU-KUSH

CHINA

K 2

KARAKÓRUM

Leopardo de las nieves

Marjor

Esta gran cabra de montaña es el animal nacional de Pakistán. Los machos tienen largos cuernos en espiral.

Islamabad

Esta presa, de 148 m de altura, genera energía hidroeléctrica.

Presa de Tarbela

AFGANISTÁN

Peshawar

Indo

Rawalpindi

Gujranwala

INDIA

Lahore

Mezquita Faisal

Esta moderna mezquita está en la capital, Islamabad. Es la mayor mezquita de Pakistán y su diseño distintivo tiene forma de una tienda beduina.

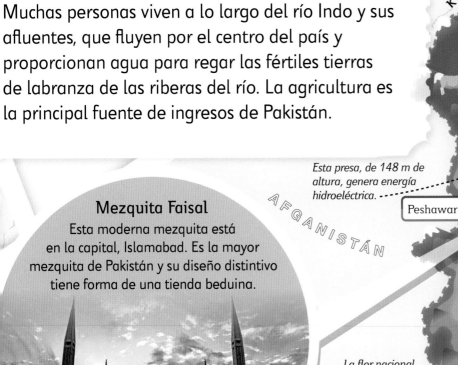

Mezquita Badshahi

Más de 100 000 personas pueden rezar juntas en esta mezquita de Lahore.

Faisalabad

La flor nacional de Pakistán tiene un olor intenso.

Jazmín común

Muchas personas trabajan en la industria textil de Pakistán.

Multán

Salaam! ¡Hola!

Las 40 torres de este fuerte se ven desde gran distancia en el desierto.

Fuerte de Derawar

Este sabroso pescado es un alimento popular.

ESCALA

0   100 km

N O E S

Tejidos

Rita rita

DESIERTO DE THAR

Estas ruinas de una antigua gran ciudad tienen más de 4500 años.

Oración antes de romper el ayuno

MONTES DE CHAGAI

Mohenjo-Daro

LEYENDA

AGRICULTURA Y GANADERÍA

- Trigo
- Caña de azúcar
- Arroz
- Algodón
- Mangos
- Naranjas
- Ovejas
- Cabras
- Búfalo
- Ganado vacuno

NATURALEZA

- Carbón
- Sal
- Tortugas verdes
- Terremotos

ACTIVIDADES

- Críquet
- Montañismo
- Senderismo
- Hockey sobre hierba

IRÁN

Indo

El fundador de Pakistán, Muhammad Ali Jinnah, está enterrado aquí.

Haiderabad

Mausoleo de Jinnah

Karachi

Ramadán

El islam es la religión oficial de Pakistán. Los musulmanes ayunan durante el mes del Ramadán. Solo comen antes del amanecer y tras la puesta de sol, con el rezo de una oración especial.

MAR ARÁBIGO

INDIA Y SRI LANKA

India es el segundo país más poblado del mundo. Se extiende desde las montañas nevadas del Himalaya hasta las cálidas aguas del océano Índico. Sri Lanka es una isla tropical famosa por sus plantaciones de té.

Pavo real

El pavo real es el ave nacional de la India. El macho tiene la cola con vistosas plumas en abanico y manchas redondas que parecen ojos.

Especias aromáticas

En la India y Sri Lanka se cultivan ricas y sabrosas especias. El jengibre añade calidez a platos dulces y salados, y en el curri se mezclan diferentes especias.

Selección de especias

Jengibre

Críquet

El críquet es el deporte más popular de la India. Se juega en todo el país en campos de hierba, como este de la ciudad de Bombay.

Jugadores de críquet de Bombay

Festival de Holi

La fiesta hindú de la primavera celebra el color y el amor. La gente lanza pintura en polvo y se cubren de colores brillantes.

Lanzamiento de pintura

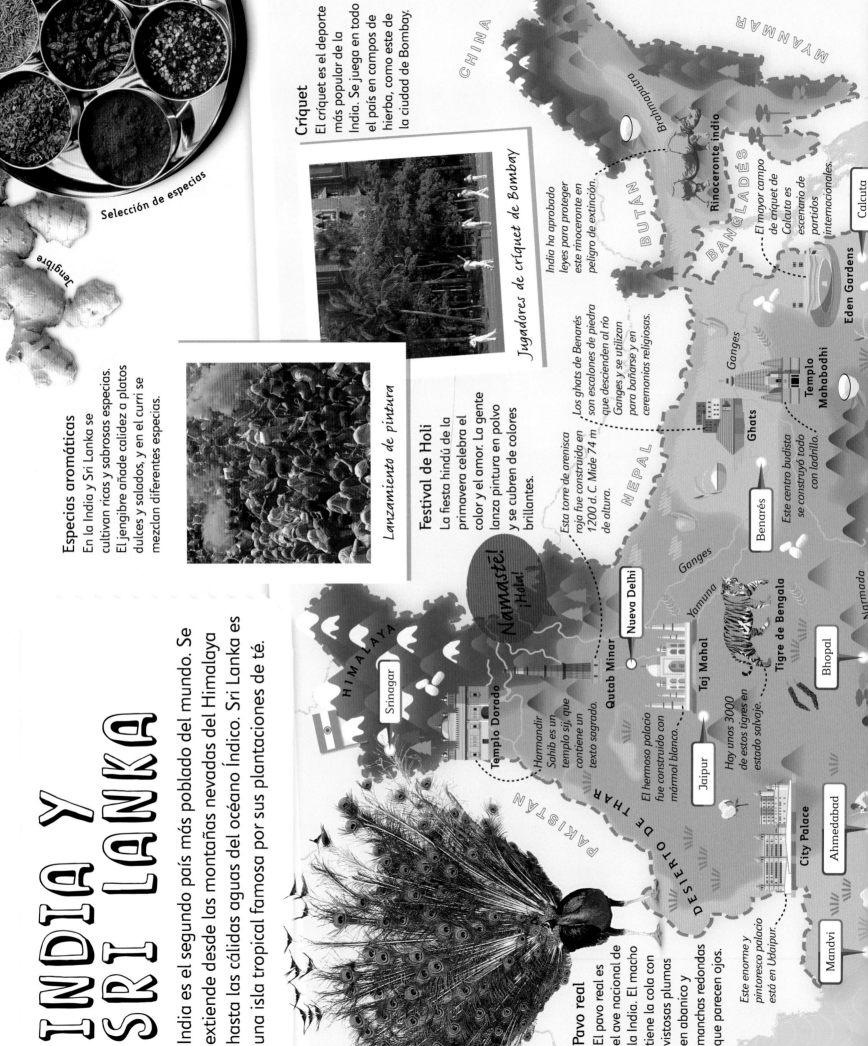

CHINA

MYANMAR

Brahmaputra

Rinoceronte indio.

India ha aprobado leyes para proteger este rinoceronte en peligro de extinción.

BUTÁN

BANGLADÉS

El mayor campo de críquet de Calcuta es escenario de partidos internacionales.

Eden Gardens

Calcuta

Ganges

Templo Mahabodhi

Los ghats de Benarés son escalones de piedra que descienden al río Ganges y se utilizan para bañarse y en ceremonias religiosas.

Ghats

NEPAL

Este centro budista se construyó todo con ladrillo.

Benarés

Esta torre de arenisca roja fue construida en 1200 d. C. Mide 74 m de altura.

Ganges

Namasté.
¡Hola!

Ganges

Yamuna

Narmada

Nueva Delhi

Qutab Minar

HIMALAYA

Srinagar

Harmandir Sahib es un templo sij, que contiene un texto sagrado.

Templo Dorado

El hermoso palacio fue construido con mármol blanco.

Taj Mahal

Hay unos 3000 de estos tigres en estado salvaje.

Tigre de Bengala

Bhopal

Jaipur

Bhopal

PAKISTÁN

DESIERTO DE THAR

Este enorme y pintoresco palacio está en Udaipur.

City Palace

Ahmedabad

Mandvi

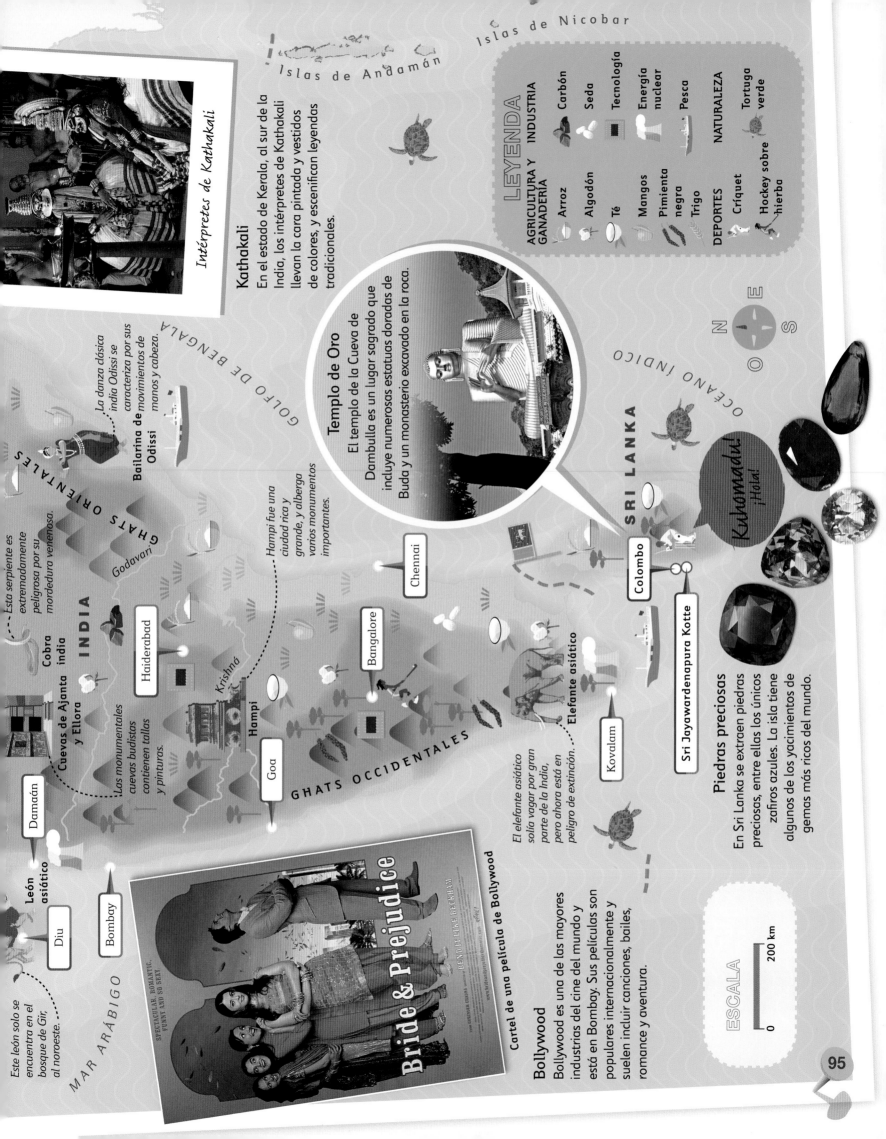

Islas de Nicobar

Islas de Andamán

Kathakali

En el estado de Kerala, al sur de la India, los intérpretes de Kathakali llevan la cara pintada y vestidos de colores, y escenifican leyendas tradicionales.

Intérpretes de Kathakali

LEYENDA

AGRICULTURA Y GANADERÍA
- Arroz
- Algodón
- Té
- Mangos
- Pimienta negra
- Trigo

INDUSTRIA
- Carbón
- Seda
- Tecnología
- Energía nuclear
- Pesca

DEPORTES
- Críquet
- Hockey sobre hierba

NATURALEZA
- Tortuga verde

Templo de Oro

El templo de la Cueva de Dambulla es un lugar sagrado que incluye numerosas estatuas doradas de Buda y un monasterio excavado en la roca.

GOLFO DE BENGALA

La danza clásica india Odissi se caracteriza por sus movimientos de manos y cabeza.

Bailarina de Odissi

GHATS ORIENTALES

Godavari

Esta serpiente es extremadamente peligrosa por su mordedura venenosa.

Cobra india

INDIA

Cuevas de Ajanta y Ellora

Las monumentales cuevas budistas contienen tallas y pinturas.

Damaán

Diu

Haiderabad

Krishná

Hampi

Hampi fue una ciudad rica y grande, y alberga varios monumentos importantes.

Goa

Bangalore

Chennai

GHATS OCCIDENTALES

El elefante asiático solía vagar por gran parte de la India, pero ahora está en peligro de extinción.

Elefante asiático

Kovalam

SRI LANKA

Colombo

Sri Jayawardenapura Kotte

Kuhomadul
¡Hola!

OCÉANO ÍNDICO

N O E S

Piedras preciosas

En Sri Lanka se extraen piedras preciosas, entre ellas los únicos zafiros azules. La isla tiene algunos de los yacimientos de gemas más ricos del mundo.

León asiático

Este león solo se encuentra en el bosque de Gir, al noroeste.

MAR ARÁBIGO

Bombay

Cartel de una película de Bollywood

Bollywood

Bollywood es una de las mayores industrias del cine del mundo y está en Bombay. Sus películas son populares internacionalmente y suelen incluir canciones, bailes, romance y aventura.

Bride & Prejudice

SPECTACULAR, ROMANTIC, FUNNY AND SO SEXY

BEND IT LIKE BECKHAM

ESCALA

0 — 200 km

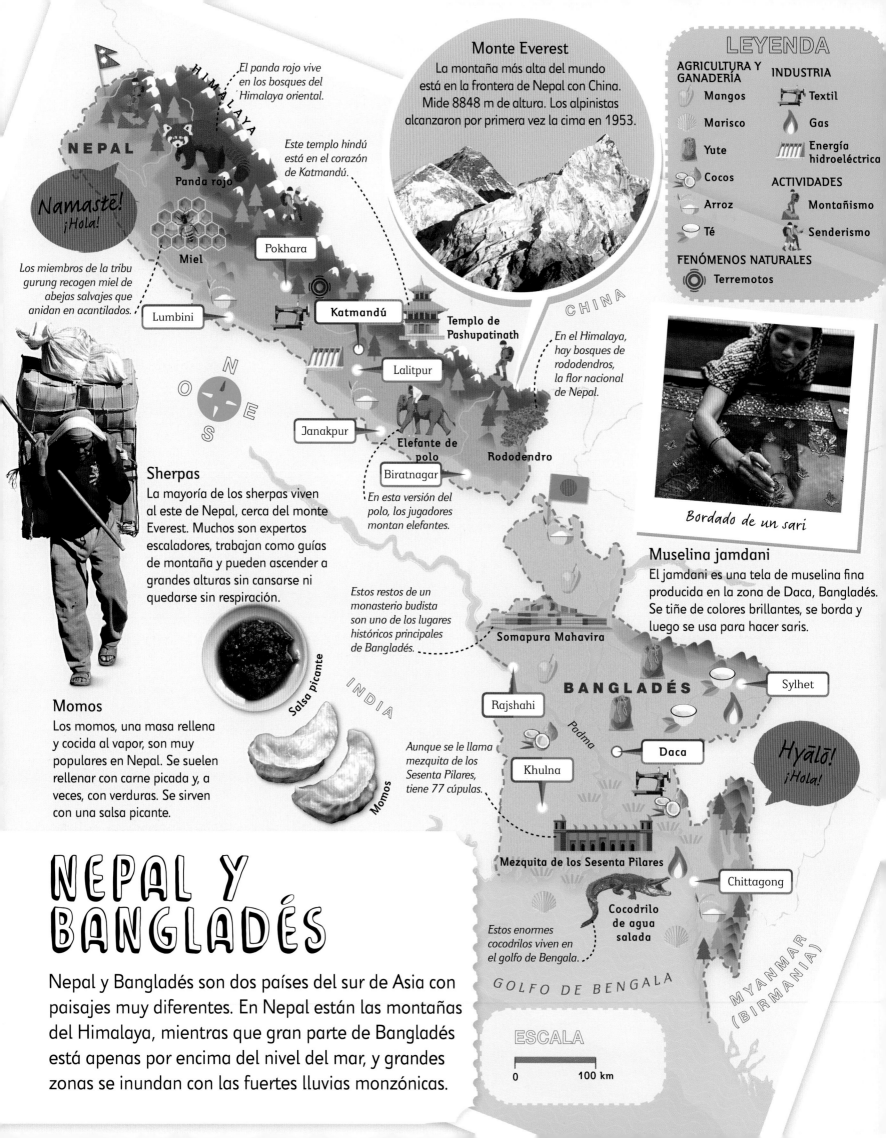

El panda rojo vive en los bosques del Himalaya oriental.

HIMALAYA

NEPAL

Namastē!
¡Hola!

Panda rojo

Miel

Los miembros de la tribu gurung recogen miel de abejas salvajes que anidan en acantilados.

Lumbini

Pokhara

Este templo hindú está en el corazón de Katmandú.

Monte Everest
La montaña más alta del mundo está en la frontera de Nepal con China. Mide 8848 m de altura. Los alpinistas alcanzaron por primera vez la cima en 1953.

Katmandú

Templo de Pashupatinath

CHINA

Lalitpur

En el Himalaya, hay bosques de rododendros, la flor nacional de Nepal.

Janakpur

Elefante de polo

Rododendro

Biratnagar

En esta versión del polo, los jugadores montan elefantes.

Bordado de un sari

Sherpas
La mayoría de los sherpas viven al este de Nepal, cerca del monte Everest. Muchos son expertos escaladores, trabajan como guías de montaña y pueden ascender a grandes alturas sin cansarse ni quedarse sin respiración.

Estos restos de un monasterio budista son uno de los lugares históricos principales de Bangladés.

Muselina jamdani
El jamdani es una tela de muselina fina producida en la zona de Daca, Bangladés. Se tiñe de colores brillantes, se borda y luego se usa para hacer saris.

Somapura Mahavira

Salsa picante

Momos
Los momos, una masa rellena y cocida al vapor, son muy populares en Nepal. Se suelen rellenar con carne picada y, a veces, con verduras. Se sirven con una salsa picante.

INDIA

Momos

Rajshahi

BANGLADÉS

Sylhet

Podma

Aunque se le llama mezquita de los Sesenta Pilares, tiene 77 cúpulas.

Khulna

Daca

Hyālō!
¡Hola!

Mezquita de los Sesenta Pilares

Chittagong

Cocodrilo de agua salada

Estos enormes cocodrilos viven en el golfo de Bengala.

MYANMAR (BIRMANIA)

GOLFO DE BENGALA

NEPAL Y BANGLADÉS

Nepal y Bangladés son dos países del sur de Asia con paisajes muy diferentes. En Nepal están las montañas del Himalaya, mientras que gran parte de Bangladés está apenas por encima del nivel del mar, y grandes zonas se inundan con las fuertes lluvias monzónicas.

ESCALA
0   100 km

Globos de fuego

El Festival de Luces se celebra cada año en Myanmar para marcar el final de las lluvias monzónicas en noviembre. Se sueltan globos iluminados con velas de diversas formas.

Globo en forma de gallo

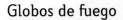

Maingalarpar!
¡Hola!

Lago Inle

Situado en las montañas, en él viven algunas especies únicas de peces y caracoles. Las personas habitan en casas construidas sobre estacas alrededor de la orilla del lago.

Estos raros delfines de cabeza redonda se alimentan de peces.

Delfín del Irawadi

Irawadi

CHINA

INDIA

LAOS

TAILANDIA

Mandalay

Taunggyi

Este enorme Buda reclinado mide 55 m de largo y 16 m de alto.

Naipyidó

Buda de Shwethalyaung

La pagoda dorada de Rangún es el lugar budista más sagrado de Myanmar.

Shwedagon Paya

Rangún   **Mawlamyaing**

GOLFO DE BENGALA

ESCALA

0 — 200 km

LEYENDA

AGRICULTURA Y GANADERÍA

- Especias
- Legumbres
- Marisco
- Caña de azúcar
- Arroz

INDUSTRIA

- Jade
- Rubíes
- Caucho
- Madera
- Pesca

Práctica del chinlone

Chinlone

El chinlone, o pelota de caña, es el deporte y baile tradicional de Myanmar. Los jugadores usan los pies y las rodillas para demostrar su habilidad en mantener una pelota sin tocar el suelo.

Tarántula azul cobalto

Esta araña de patas azules vive en los bosques tropicales de Myanmar. Usa un veneno mortal para atrapar ratones y ranas.

Fideos Shan

En este popular plato, los fideos planos de arroz se cuecen en un caldo picante con pollo o cerdo. Se sirve con hojas de mostaza y cacahuetes molidos.

MYANMAR

Myanmar es un país alargado y estrecho que sigue el curso del río Irawadi y la costa del golfo de Bengala. En las colinas y bosques de Myanmar hay minas de piedras preciosas, como jade y rubí. Las zonas boscosas producen una de las mejores tecas del mundo, una madera muy resistente que se utiliza en la construcción de barcos y muebles.

CHINA Y MONGOLIA

En China viven más de mil millones de personas, la mayoría en el este industrializado del país. Muchos trabajan en industrias florecientes, como las nuevas tecnologías. Mongolia está mucho menos poblada, ya que gran parte del país es desierto o estepa.

Dinosaurios del Gobi
Los dinosaurios vivieron en Mongolia y China hace millones de años. En el desierto de Gobi se han hallado muchos fósiles bien conservados.

Fósiles de cría de dinosaurio

MONGOLIA

Estos camellos se utilizan para transportar mercancía en el desierto de Gobi.

Monje tibetano

Budismo
El budismo es una religión y una filosofía basada en las enseñanzas de Buda. Los monjes budistas del Tíbet visten túnicas rojas.

Taichí en el parque

Taichí
Este popular ejercicio en grupo consiste en movimientos lentos y controlados. Se practica como entrenamiento defensivo y para mantenerse sano.

Panda gigante
El panda gigante vive en los bosques montañosos del centro-sur de China. Se alimenta de bambú y es uno de los osos más singulares del mundo.

KAZAJISTÁN

KIRGUISTÁN

TAYIKISTÁN

PAKISTÁN

Ni hǎo!
¡Hola!

Sain uu!
¡Hola!

Camello bactriano

DESIERTO DE TAKLAMAKÁNN

Los yaks se crían por su leche, carne y lana, y para el transporte.

Yak

MESETA DEL TÍBET

HIMALAYA

Lhasa

NEPAL

Palacio de Potala

Fue la residencia del dalái lama, jefe espiritual del budismo tibetano.

BUTÁN

INDIA

MYANMAR (BIRMANIA)

Año nuevo chino
La fiesta más importante de China celebra la llegada de la primavera. Se hacen desfiles encabezados por un enorme dragón danzante, símbolo de la buena suerte en China.

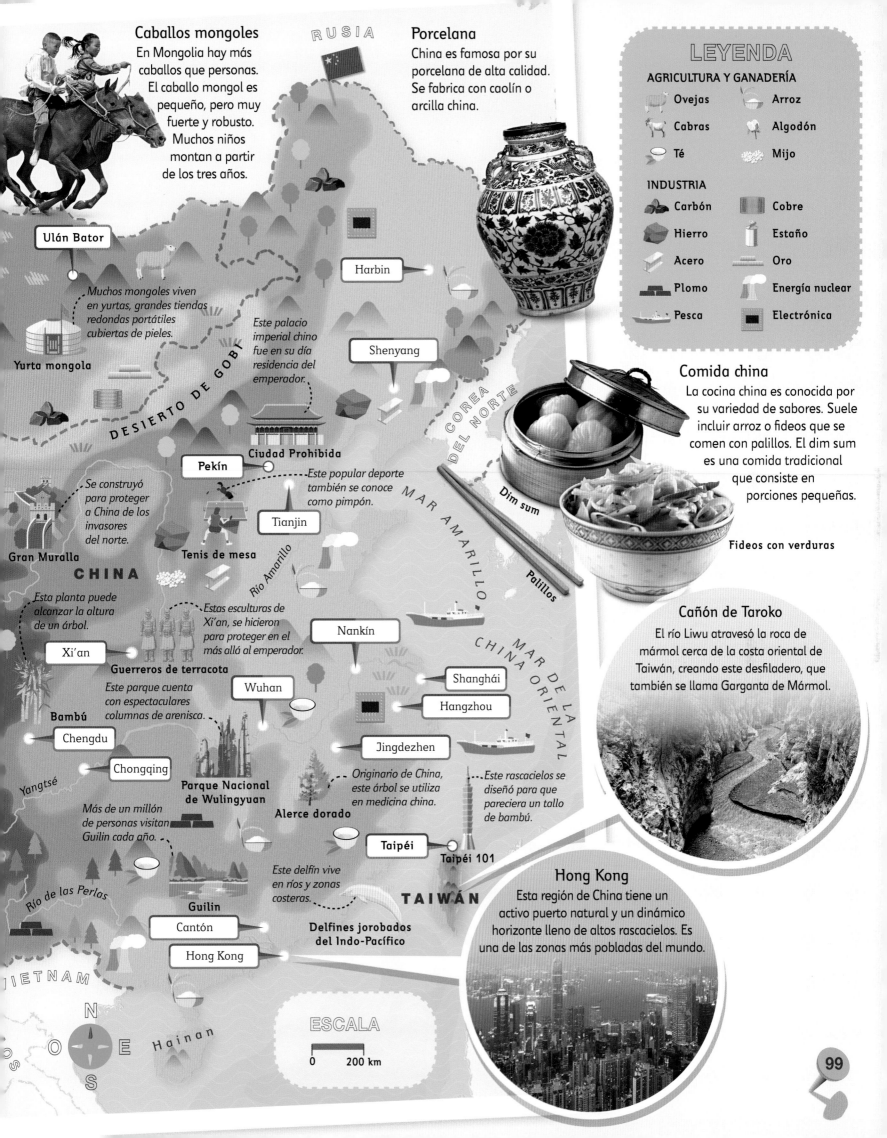

Caballos mongoles

En Mongolia hay más caballos que personas. El caballo mongol es pequeño, pero muy fuerte y robusto. Muchos niños montan a partir de los tres años.

RUSIA

Porcelana

China es famosa por su porcelana de alta calidad. Se fabrica con caolín o arcilla china.

LEYENDA

AGRICULTURA Y GANADERÍA

Ovejas — Arroz

Cabras — Algodón

Té — Mijo

INDUSTRIA

Carbón — Cobre

Hierro — Estaño

Acero — Oro

Plomo — Energía nuclear

Pesca — Electrónica

Ulán Bator

Muchos mongoles viven en yurtas, grandes tiendas redondas portátiles cubiertas de pieles.

Yurta mongola

Harbin

DESIERTO DE GOBI

Este palacio imperial chino fue en su día residencia del emperador.

Shenyang

COREA DEL NORTE

Comida china

La cocina china es conocida por su variedad de sabores. Suele incluir arroz o fideos que se comen con palillos. El dim sum es una comida tradicional que consiste en porciones pequeñas.

Dim sum

Palillos

Fideos con verduras

Ciudad Prohibida

Pekín

Se construyó para proteger a China de los invasores del norte.

Gran Muralla

CHINA

Esta planta puede alcanzar la altura de un árbol.

Xi'an

Guerreros de terracota

Bambú

Chengdu

Chongqing

Yangtsé

Más de un millón de personas visitan Guilin cada año.

Río de las Perlas

Guilin

Cantón

Hong Kong

VIETNAM

Hainan

Este popular deporte también se conoce como pimpón.

Tianjin

Tenis de mesa

Río Amarillo

Estas esculturas de Xi'an, se hicieron para proteger en el más allá al emperador.

Nankín

Wuhan

Este parque cuenta con espectaculares columnas de arenisca.

Parque Nacional de Wulingyuan

Alerce dorado

Originario de China, este árbol se utiliza en medicina china.

Este delfín vive en ríos y zonas costeras.

Delfines jorobados del Indo-Pacífico

MAR AMARILLO

Shanghái

Hangzhou

Jingdezhen

MAR DE LA CHINA ORIENTAL

Este rascacielos se diseñó para que pareciera un tallo de bambú.

Taipéi

Taipéi 101

TAIWÁN

Cañón de Taroko

El río Liwu atravesó la roca de mármol cerca de la costa oriental de Taiwán, creando este desfiladero, que también se llama Garganta de Mármol.

Hong Kong

Esta región de China tiene un activo puerto natural y un dinámico horizonte lleno de altos rascacielos. Es una de las zonas más pobladas del mundo.

N O E S

ESCALA

0   200 km

COREA DEL NORTE Y DEL SUR

Corea es una península dividida en dos países: Corea del Norte y Corea del Sur, muy diferentes. Corea del Norte es muy montañosa y mayoritariamente rural. Corea del Sur tiene grandes ciudades y una próspera industria electrónica.

Montaña sagrada

El monte Paektu es el más alto de Corea y el pueblo coreano lo considera sagrado. También es un volcán activo con un gran lago en la cima.

Uso de internet

Internet

Corea del Sur tiene la mayor tasa mundial de conexión a internet. Se usa para trabajar, estudiar y jugar.

Frutas y verduras

La pera nashi es originaria de Corea. Tiene una piel amarilla y una textura crujiente. La col china se cultiva también en Corea.

Pera nashi

Col china

Estadio deportivo

El Estadio Rungrado Primero de Mayo es uno de los más grandes del mundo. Tiene capacidad para 114 000 personas.

Este animal engorda para el frío invierno coreano comiendo pájaros, ranas y frutas.

Perro mapache

Esta hermosa montaña aparece en muchas obras de arte coreanas.

Monte Kumgang

Este monte es un lugar sagrado y una atracción turística.

Monte Myohyang

Este monumento de 150 m de altura tiene una antorcha en la cima, que se ilumina de noche.

Torre Juche

Annyeonghi gaseyo! ¡Adiós!

ESCALA

0   50 km

Chongjin

Hamhung

Wonsan

Sinuiju

Pionyang

COREA DEL NORTE

RUSIA

CHINA

MAR DEL JAPÓN / MAR ORIENTAL

BAHÍA DE COREA

...dong

LEYENDA

AGRICULTURA Y GANADERÍA

- Arroz
- Patatas
- Habas de soja
- Cebada
- Coles
- Cabras
- Cerdos
- Electrónica

INDUSTRIA

- Pesca
- Astilleros
- Acero
- Hierro
- Carbón
- Coches
- Uranio
- Cobre

ACTIVIDADES

- Senderismo
- Aguas termales
- Béisbol

NATURALEZA

- Fútbol
- Buceo
- Tortuga verde

N
O — E
S

La gente va a ver la salida del sol en Año Nuevo en este popular destino turístico.

Festival de farolillos de Jinju

Farolillos flotantes
Para homenajear a los soldados fallecidos en defensa de Corea, cada octubre se encienden miles de farolillos de papel que flotan en el río Nam, en Jinju.

Estas cabañas sirven de cobijo en las playas.

Cabañas playeras

Jeongdongjin

Han

Este templo es el centro administrativo del budismo coreano.

Guinsa

Un pequeño rebaño de esta cabra vive en la frontera entre las dos Coreas.

Este arte marcial coreano destaca por sus técnicas de patadas.

Goral de cola larga

Taekwondo

Seúl

El golf es un deporte popular en Corea. Varias golfistas han destacado en Corea del Sur.

Golf

Es la flor nacional de Corea del Sur.

Hibiscus

Nakdong

Ulsan

Busan

Daegu

Jinju

Esta torre, en la cima del monte Namsan, ofrece buenas vistas de Seúl.

Torre de Seúl

Incheon

Suwon

Sejong (ciudad)

Daejeon

COREA DEL SUR

Gwangju

Plantación de té de Boseong Daehan

Esta plantación de té verde en los valles de Boseong es una gran atracción turística.

Comida coreana
El clásico plato coreano bibimbap consiste en un cuenco de arroz con verduras, chile, carne y huevo. El kimchi es una guarnición de verduras sazonadas, incluida la col china.

Bibimbap

Kimchi

Annyeonghaseyo! ¡Hola!

MAR AMARILLO

Haeju

La isla de Jeju está al sur de la península de Corea.

Isla de Jeju

Estatuas de Jeju
Las dol hareubang, o abuelos de piedra, son unas estatuas de la isla de Jeju.

JAPÓN

Japón es un país moderno e industrial, pero las tradiciones antiguas siguen siendo una parte importante de la cultura japonesa. La mayoría de la gente vive en las ciudades de una de las cuatro islas principales. Gran parte del país es montañoso, con muchos volcanes activos.

Festival Aomori Nebuta

En todo Japón se celebran vistosos festejos. Cada verano, la ciudad de Aomori organiza un festival en que recorren las calles enormes carrozas (nebuta) de papel, pintadas con imágenes de bestias míticas y guerreros.

Desfile de carrozas

Islas Kuriles

Pandas hechos con bolas de arroz y algas marinas.

Bento

A veces, los padres envían a sus hijos a la escuela con una fiambrera, o bento, con comida decorada.

Tokio

El cruce de calles cerca de la estación de Shibuya es uno de los lugares más concurridos de esta abarrotada ciudad. A menudo, más de 1000 personas cruzan al mismo tiempo.

Terremoto de Tohoku

Los terremotos son frecuentes y este fue el más potente jamás registrado.

Grulla de coronilla roja

Esta rara ave de los humedales es un símbolo de longevidad.

Kushiro

Dos millones de personas visitan Sapporo cada invierno para ver las esculturas de hielo y nieve.

Tomakomai

Escultura de nieve

Asahikawa

Sapporo

Hakodate

Hirosaki

Aomori

Sendai

Hokkaidō

Honshū

JAPÓN

Ceremonia del té

En la ceremonia tradicional, símbolo de amistad y respeto entre el anfitrión y el invitado, el té matcha se sirve en un cuenco especial (chawan). Se toma un poco de té de un pequeño recipiente (natsume) con una cuchara (chashaku) y se pone en el chawan. Luego, se añade agua caliente y se remueve con un batidor de bambú (chasen).

Natsume

Chasen

Chashaku

Chawan

Artes marciales

El kendo es una de las artes marciales de Japón. Los luchadores utilizan espadas de bambú y llevan una armadura protectora.

Anime

Kendo

Manga y anime

Los dibujos animados son muy populares en Japón. Los cómics dibujados a mano se llaman manga, mientras que los dibujos animados en movimiento se conocen como anime.

RUSIA

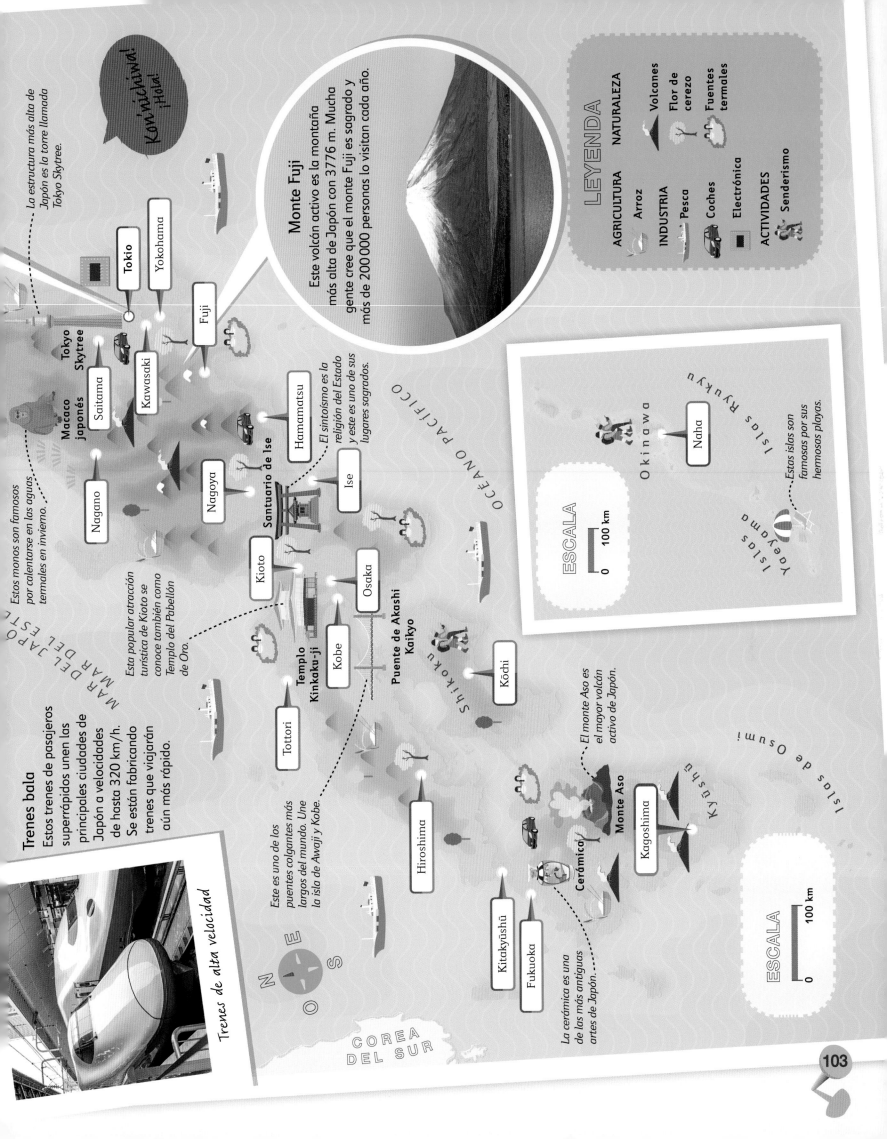

La estructura más alta de Japón es la torre llamada Tokyo Skytree.

Kon'nichiwa! ¡Hola!

Tokio
Yokohama
Fuji
Tokyo Skytree
Kawasaki
Saitama

Monte Fuji

Este volcán activo es la montaña más alta de Japón con 3776 m. Mucha gente cree que el monte Fuji es sagrado y más de 200 000 personas lo visitan cada año.

LEYENDA

AGRICULTURA   **NATURALEZA**
Arroz   Volcanes
INDUSTRIA   Flor de cerezo
Pesca   Fuentes termales
Coches   Electrónica
ACTIVIDADES
Senderismo

Macaco japonés

Estos monos son famosos por calentarse en las aguas termales en invierno.

Nagano

Nagoya
Hamamatsu

Santuario de Ise
Ise

El sintoísmo es la religión del Estado y este es uno de sus lugares sagrados.

Kioto

Esta popular atracción turística de Kioto se conoce también como Templo del Pabellón de Oro.

Osaka
Kobe
Puente de Akashi Kaikyo

Templo Kinkaku-ji
Tottori

OCÉANO PACÍFICO

Okinawa
Naha

Islas Ryūkyū

Estas islas son famosas por sus hermosas playas.

Islas Yaeyama

ESCALA
0   100 km

Shikoku
Kōchi

El monte Aso es el mayor volcán activo de Japón.

Monte Aso
Kagoshima
Kyūshū

Cerámica

La cerámica es una de las más antiguas artes de Japón.

Hiroshima

Islas de Osumi

Kitakyūshū
Fukuoka

ESCALA
0   100 km

MAR DEL JAPÓN
MAR DEL ESTE

Trenes bala

Estos trenes de pasajeros superrápidos unen las principales ciudades de Japón a velocidades de hasta 320 km/h. Se están fabricando trenes que viajarán aún más rápido.

Este es uno de los puentes colgantes más largos del mundo. Une la isla de Awaji y Kobe.

Trenes de alta velocidad

N
O   E
S

COREA DEL SUR

Comida

En esta región abundan los platos tradicionales como el pho vietnamita, una sopa con fideos, carne y verduras. Los grillos fritos son un manjar.

Pho

Grillos fritos

El kickboxing tailandés, conocido como Muay thai es un deporte popular en Tailandia.

CHINA

Hanói

LAOS

MYANMAR

Muay thai

Chiang Mai

Vientián

Da Nang

Bahía de Ha Long

Esta bahía del norte de Vietnam es famosa por su paisaje. Más de 1000 pequeñas islas llenas de árboles, asoman sobre el mar.

Este templo de Bangkok alberga una estatua sagrada conocida como Buda de Esmeralda.

Tuk-tuk

Estos fuertes animales se utilizan para arar los campos de arroz.

Angkor Wat

Este templo del siglo XII es el mayor monumento religioso del mundo. Ahora, es un símbolo de Camboya y aparece en su bandera.

Templo del Buda de Esmeralda

Estos vehículos de tres ruedas se usan como taxis en Tailandia.

Bangkok

CAMBOYA

Búfalo de agua

VIETNAM

Phnom Penh

Ho Chi Minh

Palacio real

La familia real de Camboya reside en este palacio de Phnom Penh.

Islas de Andamán

MAR DE ANDAMÁN

Islas de Nicobar

GOLFO DE TAILANDIA

TAILANDIA

Phuket

Con 452 m, este par de rascacielos son las torres gemelas más altas del mundo.

Fabricante de cometas

George Town

MALASIA

Kuching

Cometas malasias

Malasia tiene la tradición de fabricar coloridas y elaboradas cometas. Una de las más grandes es la wau bulan, o cometa de la luna, uno de los símbolos nacionales de Malasia.

El bádminton es un deporte popular en Indonesia, que cuenta con grandes jugadores.

Medan

Torres Petronas

Kuala Lumpur

Putrajaya

Bádminton

SINGAPUR

Pontianak

SUDESTE ASIÁTICO

El Sudeste Asiático es una región diversa con muchos países y pequeñas islas. Gran parte de la zona es montañosa y está cubierta de espesos bosques. En esta área crecen fragantes especias y abundan los templos históricos. La arquitectura antigua y las playas de arena son una atracción turística.

Sumatra

Palembang

Esta flor de la selva es la más grande del mundo, pues mide hasta 1 m de diámetro.

Flor de Rafflesia arnoldii

Yakarta

ESCALA

0   200 km

Estos templos de Java son uno de los grandes monumentos budistas del mundo.

Conjunto de temp de Borobudur

OCÉANO ÍNDICO

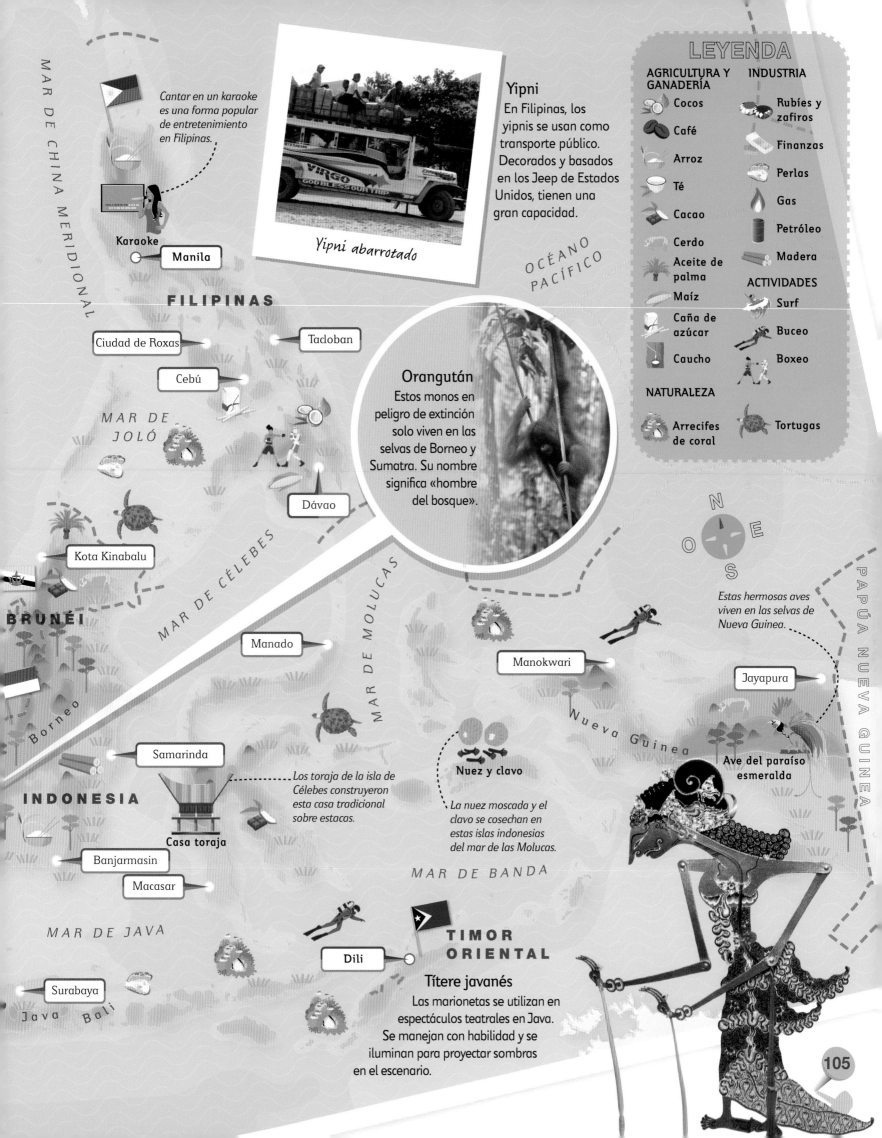

Cantar en un karaoke es una forma popular de entretenimiento en Filipinas.

Karaoke
○ **Manila**

Yipni
En Filipinas, los yipnis se usan como transporte público. Decorados y basados en los Jeep de Estados Unidos, tienen una gran capacidad.

Yipni abarrotado

OCÉANO PACÍFICO

MAR DE CHINA MERIDIONAL

FILIPINAS

Ciudad de Roxas ○——— ———○ **Tacloban**

Cebú ○———

MAR DE JOLÓ

Orangután
Estos monos en peligro de extinción solo viven en las selvas de Borneo y Sumatra. Su nombre significa «hombre del bosque».

———○ **Dávao**

Kota Kinabalu ○———

MAR DE CÉLEBES

BRUNÉI

Borneo

Manado ○———

MAR DE MOLUCAS

Estas hermosas aves viven en las selvas de Nueva Guinea.

Nueva Guinea

———○ **Manokwari**

———○ **Jayapura**

Samarinda ○———

Los toraja de la isla de Célebes construyeron esta casa tradicional sobre estacas.

Casa toraja

Nuez y clavo

La nuez moscada y el clavo se cosechan en estas islas indonesias del mar de las Molucas.

Ave del paraíso esmeralda

PAPÚA NUEVA GUINEA

INDONESIA

Banjarmasin ○———

Macasar ○———

MAR DE BANDA

MAR DE JAVA

———○ **Dili**

Surabaya ○———

Java   Bali

TIMOR ORIENTAL

Títere javanés
Las marionetas se utilizan en espectáculos teatrales en Java. Se manejan con habilidad y se iluminan para proyectar sombras en el escenario.

LEYENDA

AGRICULTURA Y GANADERÍA   **INDUSTRIA**

Cocos	Rubíes y zafiros
Café	Finanzas
Arroz	Perlas
Té	Gas
Cacao	Petróleo
Cerdo	Madera
Aceite de palma	

ACTIVIDADES

Maíz — Surf

Caña de azúcar — Buceo

Caucho — Boxeo

NATURALEZA

Arrecifes de coral   Tortugas

N
O   E
S

LUGARES SINGULARES

Muchos de los edificios y estructuras construidos a lo largo de la historia se hicieron para impresionar y como muestra de poder. Antiguamente, catedrales y castillos fueron las mayores y más impresionantes edificaciones; hoy lo son los altos rascacielos y los largos puentes.

EDIFICIO MÁS ANTIGUO

Los templos megalíticos de Malta se construyeron hace 5500 años y son unas de las edificaciones más antiguas que siguen en pie. Se utilizaban para las ceremonias religiosas.

Los seis edificios más altos

Los rascacielos se construyen en las ciudades, donde el suelo es caro. Cada uno de estos edificios es el más alto de su continente y el Burj Khalifa, en Asia, el mayor del mundo. En sus 163 pisos hay viviendas, restaurantes, oficinas y hoteles.

Gran Torre Santiago, Santiago, Chile, 300 m — **América del Sur**

Q1 Tower, Costa de Oro, Australia, 322,5 m — **Australasia**

Iconic Tower, Nueva Capital Administrativa (NAC), Egipto (se completará en 2023), 385,5 m — **África**

Torre Lakhta, San Petersburgo, Rusia, 462 m — **Europa**

One World Trade Center, Nueva York, Estados Unidos, 541,3 m — **América del Norte**

Burj Khalifa, Dubái, Emiratos Árabes Unidos, 828 m — **Asia**

Los cinco puentes más largos

Los puentes largos se construyen a través de ríos, lagos, puertos, valles e incluso pantanos y son una forma importante de conectar comunidades. Cada una de estas construcciones es la más larga de sus respectivos continentes.

Puente Macleay Valley, Nueva Gales del Sur, Australia, 3,2 km
Australasia

Puente Vasco da Gama, Lisboa, Portugal, 12,35 km
Europa

Puente Río-Niterói, Río de Janeiro, Brasil 13,29 km
América del Sur

Puente 6 de Octubre, El Cairo, Egipto 20,5 km
África

Puente sobre el lago Pontchartrain, Nueva Orleans, Estados Unidos, 38,35 km
América del Norte

Por el Gran Puente Danyang-Kunshan circula un tren de alta velocidad. Se levanta sobre arrozales, ríos y lagos.

Gran Puente Danyang–Kunshan, Jiangsu, China, 164,8 km
Asia

Diez atracciones turísticas

Estos diez destinos turísticos están entre los más populares. Incluyen edificios históricos, templos religiosos y monumentos antiguos.

Puente Golden Gate
San Francisco, Estados Unidos

Ciudad Prohibida
Pekín, China

Angkor Wat
Siem Reap, Camboya

Torre Eiffel
París, Francia

Gran Pirámide de Guiza
Guiza, Egipto

Sagrada Família
Barcelona, España

Santa Sofía
Estambul, Turquía

Uluru
Territorio del Norte, Australia

Machu Picchu
Andes, Perú

Basílica de San Pedro
Ciudad del Vaticano

Siete nuevas maravillas del mundo

En 2007, una encuesta mundial eligió estos lugares como las nuevas siete maravillas del mundo. Las del Mundo Antiguo incluían la Gran Pirámide de Guiza, Egipto.

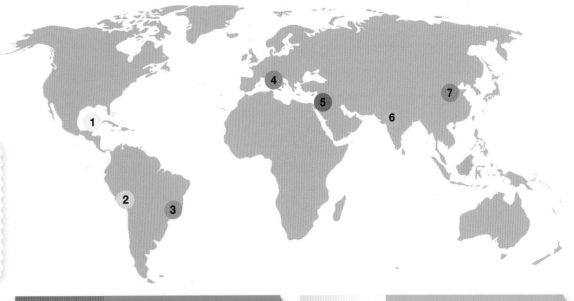

1. CHICHÉN ITZÁ, México

Esta antigua ciudad maya contiene gran cantidad de enormes edificios de piedra, incluyendo esta pirámide, llamada El Castillo.

2. MACHU PICCHU, Perú

Situada en los Andes, esta ciudad de piedra construida por los incas está ahora en ruinas. Machu Picchu significa «montaña vieja».

4. COLISEO, Italia

Los romanos construyeron este enorme anfiteatro, donde luchaban gladiadores. Tenía una capacidad para más de 50 000 espectadores sentados.

6. TAJ MAHAL, India

Taj Mahal significa «corona de palacios». Se construyó como tumba para Mumtaz Mahal, esposa del emperador mogol Sha Jahan.

3. CRISTO REDENTOR, Brasil

Esta enorme estatua de Jesucristo de 30 m de altura está esculpida en roca blanda y se alza sobre la bahía de Río de Janeiro, en Brasil.

5. PETRA, Jordania

La antigua ciudad de Petra fue excavada en acantilados rocosos. Es también conocida como la «Ciudad Rosa», por el color de la roca.

7. GRAN MURALLA CHINA, China

La Gran Muralla, la estructura más larga jamás construida, que serpentea a través de las montañas de China, es una visión espectacular.

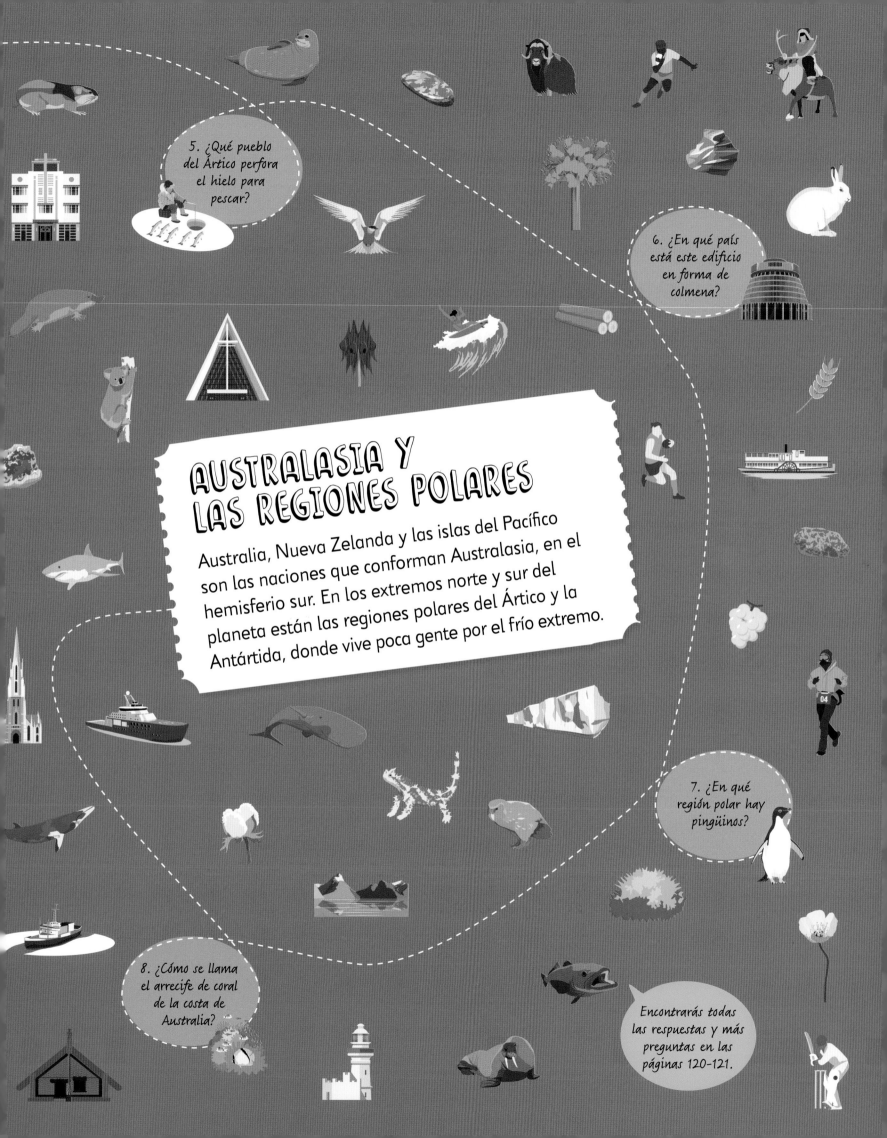

AUSTRALASIA Y LAS REGIONES POLARES

Australia, Nueva Zelanda y las islas del Pacífico son las naciones que conforman Australasia, en el hemisferio sur. En los extremos norte y sur del planeta están las regiones polares del Ártico y la Antártida, donde vive poca gente por el frío extremo.

5. ¿Qué pueblo del Ártico perfora el hielo para pescar?

6. ¿En qué país está este edificio en forma de colmena?

7. ¿En qué región polar hay pingüinos?

8. ¿Cómo se llama el arrecife de coral de la costa de Australia?

Encontrarás todas las respuestas y más preguntas en las páginas 120-121.

AUSTRALASIA

La vasta región de Australasia presenta una gran variedad de paisajes, que van desde el desierto que cubre la mayor parte de Australia hasta las islas tropicales que salpican el océano Pacífico, con playas de arena dorada y arrecifes de coral. También hay grandes zonas de densa selva tropical en el este de Australia, Tasmania, Papúa Nueva Guinea y Nueva Zelanda.

Las líneas de puntos indican dónde están los archipiélagos, pues algunas islas son demasiado pequeñas para aparecer en este mapa.

MAR DE FILIPINAS

Islas Marianas del Norte **(ESTADOS UNIDOS)**

Guam **(ESTADOS UNIDOS)**

PALAU

MICRONESIA

PAPÚA NUEVA GUINEA

Isla de Navidad **(AUSTRALIA)**

Islas Cocos (Keeling) **(AUSTRALIA)**

Islas Ashmore y Cartier **(AUSTRALIA)**

MAR DE TIMOR

MAR DE ARAFURA

Islas del Mar del Coral **(AUSTRALIA)**

MAR CO

OCÉANO ÍNDICO

Territorio del Norte

Australia Occidental

AUSTRALIA

Queensland

Australia Meridional

Nueva Gales del Sur

Victoria

Tasmania

Perth

Esta ciudad costera es la capital del estado de Australia Occidental. En el centro abundan los rascacielos. Aunque es una de las ciudades más aisladas del mundo, en Perth conviven personas de muchos países y culturas.

Uluru

Esta formación rocosa de arenisca se eleva en el desierto del Territorio del Norte. Es de gran importancia espiritual y cultural para los aborígenes.

ESCALA

0 — 1000 km

Polinesia Francesa

Un grupo de 118 islas lejanas del Pacífico forman este territorio gobernado por Francia. Las islas tienen hermosas playas y arrecifes de coral.

Isla Wake
(ESTADOS UNIDOS)

ISLAS MARSHALL

Arrecife de Kingman
(ESTADOS UNIDOS)

Atolón Palmyra
(ESTADOS UNIDOS)

Islas Howland y Baker
(ESTADOS UNIDOS)

NAURU

Isla Jarvis
(ESTADOS UNIDOS)

K I R I B A T I

TUVALU

Tokelau
(NUEVA ZELANDA)

ISLAS SALOMÓN

Wallis y Futuna
(FRANCIA)

SAMOA

Samoa Americana
(ESTADOS UNIDOS)

VANUATU

Islas Cook
(NUEVA ZELANDA)

Niue
(NUEVA ZELANDA)

Polinesia Francesa
(FRANCIA)

FIYI

TONGA

Nueva Caledonia
(FRANCIA)

Arrecifes de coral

Algunos de los corales y peces tropicales más coloridos del mundo viven en las aguas cálidas del océano Pacífico. El arrecife de coral más impresionante es la Gran Barrera de Coral frente a la costa noreste de Australia.

Islas Pitcairn, Henderson, Ducie y Oeno
(REINO UNIDO)

Isla Norfolk
(AUSTRALIA)

Islas Kermadec
(NUEVA ZELANDA)

Isla de rd Howe
(STRALIA)

OCÉANO PACÍFICO

NUEVA ZELANDA

Islas Chatham
(NUEVA ZELANDA)

R DE MANIA

Estrecho de Milford

Las aguas del mar de Tasmania penetran casi 15 km en este hermoso fiordo de la costa sudoeste de la Isla Sur de Nueva Zelanda. A ambos lados, los majestuosos acantilados alcanzan 1200 m de altura. Cada año, cerca de un millón de personas visitan este impresionante lugar.

Islas Bounty
(NUEVA ZELANDA)

Islas Auckland
(NUEVA ZELANDA)

Islas Antípodas
(NUEVA ZELANDA)

Islas Campbell
(NUEVA ZELANDA)

a Macquarie
(AUSTRALIA)

AUSTRALIA

Australia es una gran isla situada entre los océanos Índico y Pacífico. El centro del país es un extenso desierto llamado *outback*, una zona muy cálida y seca. La mayoría de la gente vive en la costa, donde el clima es más benigno y se puede disfrutar de actividades al aire libre, como el surf.

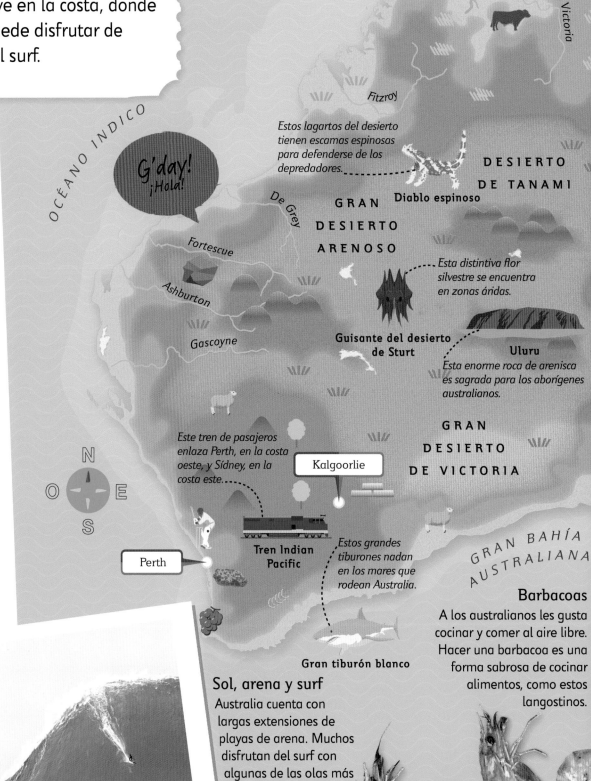

MAR DE TIMOR

Darwin

ESCALA

0   250 km

Este tren de pasajeros une Darwin y Adelaida, un trayecto de 2979 km.

Tren The Ghan

Victoria

Fitzroy

OCÉANO ÍNDICO

Estos lagartos del desierto tienen escamas espinosas para defenderse de los depredadores.

DESIERTO DE TANAMI

GRAN DESIERTO ARENOSO

Diablo espinoso

G'day!
¡Hola!

De Grey

Fortescue

Ashburton

Esta distintiva flor silvestre se encuentra en zonas áridas.

Gascoyne

Guisante del desierto de Sturt

Uluru
Esta enorme roca de arenisca es sagrada para los aborígenes australianos.

GRAN DESIERTO DE VICTORIA

Este tren de pasajeros enlaza Perth, en la costa oeste, y Sídney, en la costa este.

Kalgoorlie

N
O   E
S

Tren Indian Pacific

Perth

Estos grandes tiburones nadan en los mares que rodean Australia.

GRAN BAHÍA AUSTRALIANA

Gran tiburón blanco

LEYENDA

AGRICULTURA Y GANADERÍA

- Algodón
- Vino
- Ganado vacuno
- Ovejas
- Plátanos
- Trigo
- Caña de azúcar

RECURSOS

- Carbón
- Hierro
- Bauxita
- Oro
- Plata
- Uranio
- Madera

ACTIVIDADES

- Surf
- Esquí
- Buceo
- Críquet
- Rugby

Canguros

En Australia hay muchos animales únicos, como el canguro. Igual que otros marsupiales, tiene una bolsa en la que lleva a sus crías. Se mueve a saltos sobre las patas traseras.

La cría del canguro va en la bolsa.

Practicando surf

Sol, arena y surf

Australia cuenta con largas extensiones de playas de arena. Muchos disfrutan del surf con algunas de las olas más grandes del mundo.

Barbacoas

A los australianos les gusta cocinar y comer al aire libre. Hacer una barbacoa es una forma sabrosa de cocinar alimentos, como estos langostinos.

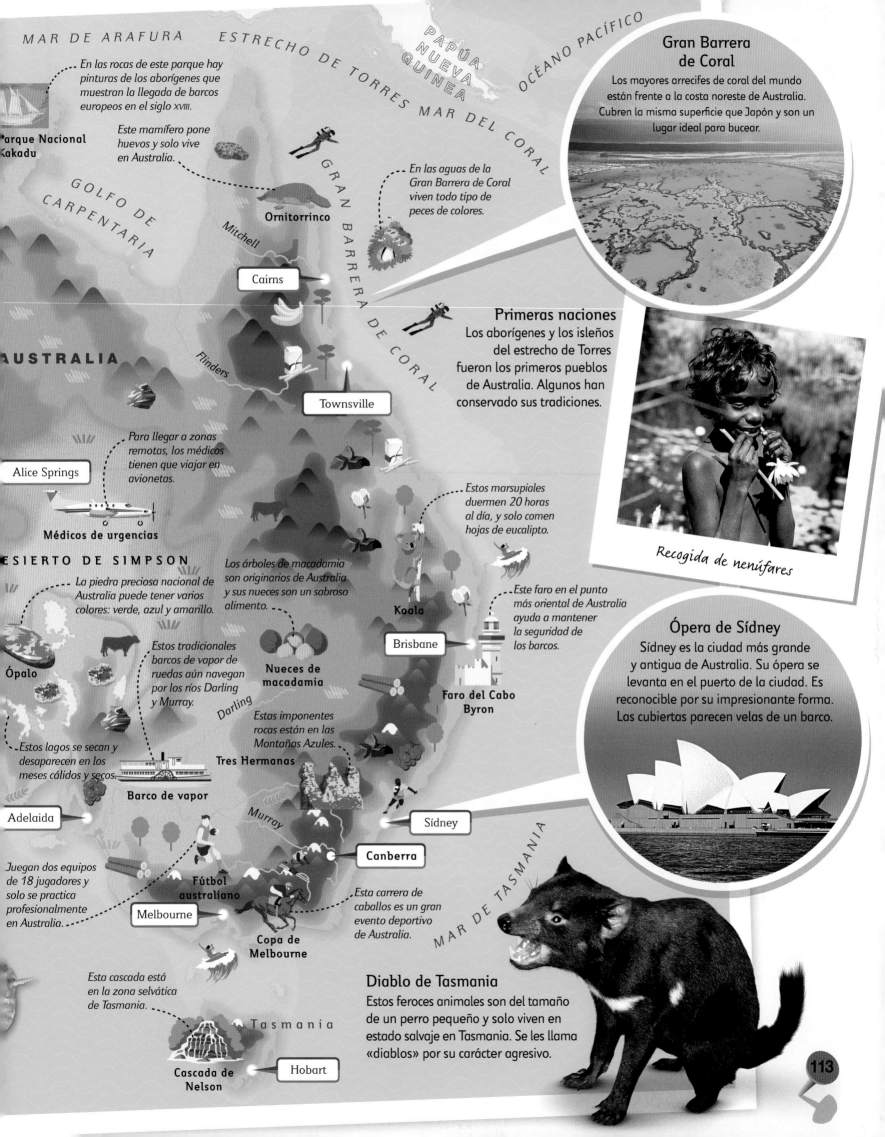

MAR DE ARAFURA   ESTRECHO DE TORRES   MAR DEL CORAL

PAPÚA NUEVA GUINEA

OCÉANO PACÍFICO

En las rocas de este parque hay pinturas de los aborígenes que muestran la llegada de barcos europeos en el siglo XVIII.

Parque Nacional Kakadu

Este mamífero pone huevos y solo vive en Australia.

GOLFO DE CARPENTARIA

Ornitorrinco

Mitchell

GRAN BARRERA DE CORAL

En las aguas de la Gran Barrera de Coral viven todo tipo de peces de colores.

Cairns

Gran Barrera de Coral

Los mayores arrecifes de coral del mundo están frente a la costa noreste de Australia. Cubren la misma superficie que Japón y son un lugar ideal para bucear.

AUSTRALIA

Flinders

Townsville

Primeras naciones

Los aborígenes y los isleños del estrecho de Torres fueron los primeros pueblos de Australia. Algunos han conservado sus tradiciones.

Para llegar a zonas remotas, los médicos tienen que viajar en avionetas.

Alice Springs

Médicos de urgencias

Estos marsupiales duermen 20 horas al día, y solo comen hojas de eucalipto.

DESIERTO DE SIMPSON

La piedra preciosa nacional de Australia puede tener varios colores: verde, azul y amarillo.

Los árboles de macadamia son originarios de Australia y sus nueces son un sabroso alimento.

Koala

Recogida de nenúfares

Ópalo

Estos tradicionales barcos de vapor de ruedas aún navegan por los ríos Darling y Murray.

Nueces de macadamia

Darling

Este faro en el punto más oriental de Australia ayuda a mantener la seguridad de los barcos.

Brisbane

Ópera de Sídney

Sídney es la ciudad más grande y antigua de Australia. Su ópera se levanta en el puerto de la ciudad. Es reconocible por su impresionante forma. Las cubiertas parecen velas de un barco.

Estos lagos se secan y desaparecen en los meses cálidos y secos.

Barco de vapor

Estas imponentes rocas están en las Montañas Azules.

Tres Hermanas

Faro del Cabo Byron

Adelaida

Murray

Sídney

MAR DE TASMANIA

Juegan dos equipos de 18 jugadores y solo se practica profesionalmente en Australia.

Fútbol australiano

Melbourne

Canberra

Esta carrera de caballos es un gran evento deportivo de Australia.

Copa de Melbourne

Esta cascada está en la zona selvática de Tasmania.

Tasmania

Diablo de Tasmania

Estos feroces animales son del tamaño de un perro pequeño y solo viven en estado salvaje en Tasmania. Se les llama «diablos» por su carácter agresivo.

Cascada de Nelson

Hobart

All Blacks

All Blacks es el nombre del equipo nacional de rugby masculino. Es uno de los mejores equipos del mundo. Antes de cada partido internacional, los hombres ejecutan una haka, una danza de guerra tradicional maorí.

Haka

OCÉANO PACÍFICO

Kiwi

Esta ave no voladora es originaria de Nueva Zelanda. Es el símbolo nacional del país y aparece en monedas e insignias. A los naturales de Nueva Zelanda se les llama a menudo «kiwis».

N E S O

El pueblo maorí construyó casas de reunión de madera, a menudo con el exterior decorado con detallados grabados.

Casa de reunión maorí

Kauri

Whangarei

Este enorme árbol solo crece en el norte de Nueva Zelanda. Puede medir 50 m de altura y tener un tronco de unos 5 m de diámetro.

Auckland

Hamilton

Gisborne

BAHÍA DE LA ABUNDANCIA

Rotorua

Waikato

Napier

En Napier hay muchos edificios art déco, que se construyeron tras un terremoto en la década de 1930.

Edificio art déco

Lago Taupo

Palmerston North

Maza maorí

Un guerrero maorí utilizaba una maza de combate, llamada *patu*, para golpear al enemigo. Se hacía de madera, hueso de ballena, roca volcánica o hierro. Algunas estaban grabadas.

Isla del Norte

Nueva Plymouth

Monte Taranaki

Este volcán activo entró en erupción por última vez a mediados del siglo XIX.

Géiser Pohutu

«Pohutu» significa explosión o gran salpicadura. Este géiser lanza agua caliente unas 20 veces al día, alcanzando alturas de 30 m.

El gobierno trabaja en este edificio, conocido por su forma como «Colmena».

Parlamento

Wellington

Nelson

Blenheim

MAR DE TASMANIA

ESCALA

0 — 50 km

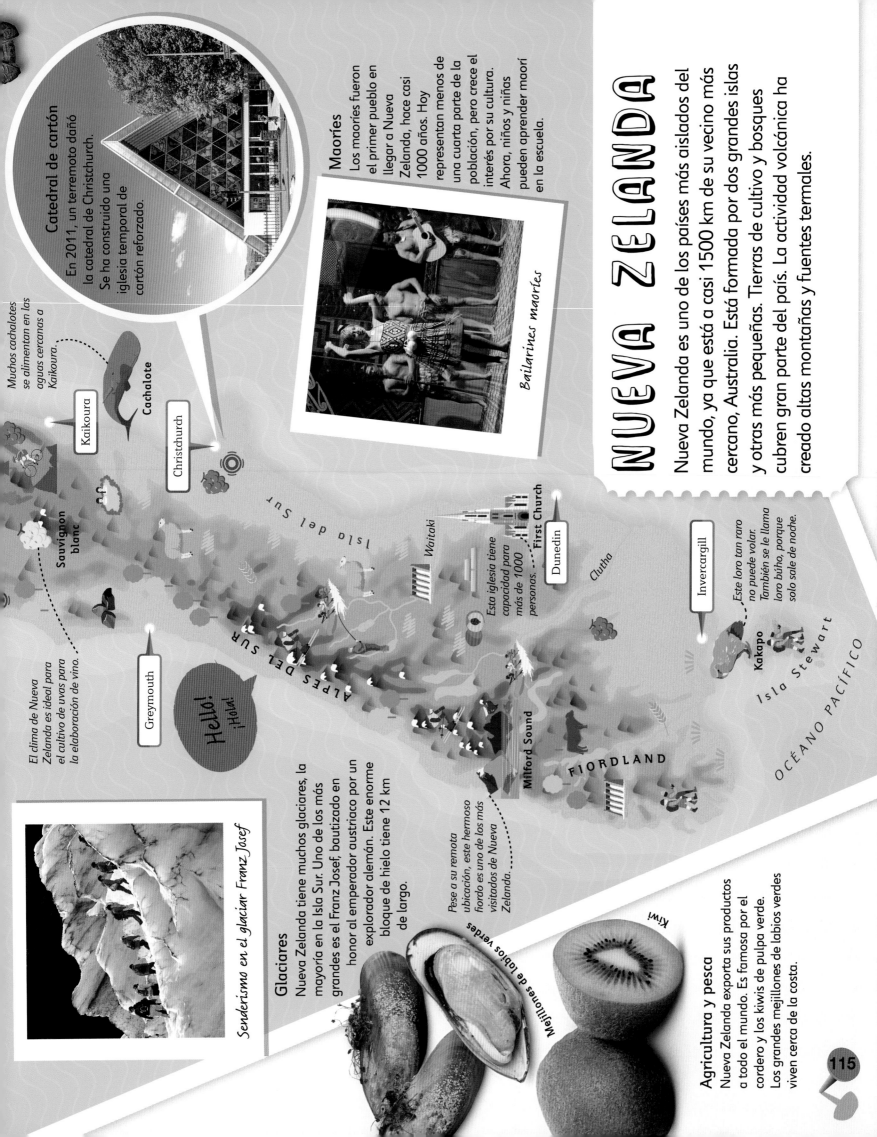

NUEVA ZELANDA

Nueva Zelanda es uno de los países más aislados del mundo, ya que está a casi 1500 km de su vecino más cercano, Australia. Está formada por dos grandes islas y otras más pequeñas. Tierras de cultivo y bosques cubren gran parte del país. La actividad volcánica ha creado altas montañas y fuentes termales.

Catedral de cartón

En 2011, un terremoto dañó la catedral de Christchurch. Se ha construido una iglesia temporal de cartón reforzado.

Maoríes

Los maoríes fueron el primer pueblo en llegar a Nueva Zelanda, hace casi 1000 años. Hoy representan menos de una cuarta parte de la población, pero crece el interés por su cultura. Ahora, niños y niñas pueden aprender maorí en la escuela.

Bailarines maoríes

Muchos cachalotes se alimentan en las aguas cercanas a Kaikoura.

Cachalote

Kaikoura

Christchurch

El clima de Nueva Zelanda es ideal para el cultivo de uvas para la elaboración de vino.

Sauvignon blanc

Isla del Sur

Greymouth

Hello!
¡Hola!

Waitaki

Esta iglesia tiene capacidad para más de 1000 personas.

First Church

Dunedin

Clutha

ALPES DEL SUR

Milford Sound

FIORDLAND

Pese a su remota ubicación, este hermoso fiordo es uno de los más visitados de Nueva Zelanda.

Invercargill

Este loro tan raro no puede volar. También se le llama loro búho, porque solo sale de noche.

Kakapo

Isla Stewart

OCÉANO PACÍFICO

Glaciares

Nueva Zelanda tiene muchos glaciares, la mayoría en la Isla Sur. Uno de los más grandes es el Franz Josef, bautizado en honor al emperador austriaco por un explorador austriaco por un explorador alemán. Este enorme bloque de hielo tiene 12 km de largo.

Senderismo en el glaciar Franz Josef

Agricultura y pesca

Nueva Zelanda exporta sus productos a todo el mundo. Es famosa por el cordero y los kiwis de pulpa verde. Los grandes mejillones de labios verdes viven cerca de la costa.

Mejillones de labios verdes

Kiwi

ANTÁRTIDA

La Antártida es el continente más frío y seco de la Tierra. Más del 99 % del territorio está cubierto por una enorme capa de hielo de hasta 4,5 km de espesor. Nadie vive ahí de forma permanente, pero científicos y turistas la visitan para estudiar este mundo helado.

Kril antártico

Las frías aguas del océano Antártico están llenas de kril. Estos pequeños animales parecidos a las gambas son la principal fuente de alimento de muchas aves y ballenas.

Unidad de la base Halley VI

Bases antárticas

Los científicos viven y trabajan en bases de investigación. La Halley VI, una de las británicas, cuenta con ocho unidades, que se mueven de forma independiente; cada una se asienta sobre soportes con esquís.

Barrera de hielo Larsen

Esta enorme zona de hielo al borde del mar de Weddell se derritió y rompió en 2002 como resultado del cambio climático.

Pingüino emperador

Los pingüinos no pueden volar y usan las alas para nadar y bucear en busca de kril y peces. Las parejas se reproducen en el hielo en invierno y crían un solo polluelo.

Barcos de arrastre de Sudamérica pescan esta especie de bacalao.

Bacalao austral

HACIA ÁFRICA

Sar (Sudáfri

Neumayer (Alemania)

Págalo antártico

Aguantan la respiración hasta una hora cuando se alimentan bajo el hielo.

Esta gran ave marina a menudo roba el pescado a otras aves.

Halley VI (Reino Unido)

Esperanza (Argentina)

Foca de Weddell

MAR DE WEDDELL

Belgrano ll (Argentina)

Arturo Prat (Chile)

PENÍNSULA ANTÁRTICA

BARRERA DE HIELO FILCHNER

Rothera (Reino Unido)

BARRERA DE HIELO RONNE

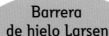

Helecho fósil

Los fósiles de plantas hallados en la Antártida demuestran que el continente fue mucho más cálido que ahora.

HACIA AMÉRICA DEL SUR

Antártida Occidental

Límite de las placas de hielo en verano

OCÉANO ANTÁRTICO

Límite de las placas de hielo en invierno

Los icebergs son enormes masas de hielo flotantes que se han desprendido de barreras de hielo y glaciares.

Iceberg

Estas pequeñas ballenas nadan en el Antártico.

Rorcual austral

ESCALA

0   500 km

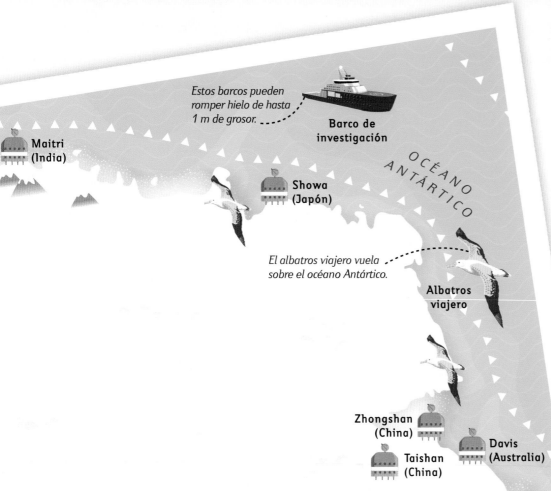

Maitri
(India)

Estos barcos pueden romper hielo de hasta 1 m de grosor.

Barco de investigación

O C É A N O
A N T Á R T I C O

Showa
(Japón)

El albatros viajero vuela sobre el océano Antártico.

Albatros viajero

Científicos examinan un meteorito

Meteoritos

Las rocas que llegan a la Tierra desde el espacio se llaman meteoritos. En la Antártida, se han recogido miles de ellos, incluidos algunos procedentes de la Luna y de Marte.

Zhongshan
(China)

Taishan
(China)

Davis
(Australia)

Roald Amundsen

El petrel de las nieves es una de las pocas aves que se han visto en el polo sur.

Petrel de las nieves

Antártida
Oriental

Polo sur

Amundsen-Scott
(Estados Unidos)

Vostok
(Rusia)

● **Polo sur geomagnético**

Carrera hacia el polo sur

Varios exploradores compitieron por ser los primeros en llegar al polo sur, el punto más austral de la Tierra. El noruego Roald Amundsen dirigió el primer equipo que lo logró en 1911.

Cada verano, el club de rugby de la base de Scott juega un partido en la nieve contra un equipo de la base McMurdo.

MONTAÑAS TRANSANTÁRTICAS

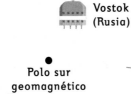

B A R R E R A
D E H I E L O
D E R O S S

Rugby

Scott (Nueva Zelanda)

La Maratón de Hielo de la Antártida se celebra todos los veranos desde 2006.

McMurdo
(Estados Unidos)

M A R D E R O S S

Esta poderosa foca come kril, pingüinos y otras focas.

Mario Zucchelli
(Italia)

Maratón de Hielo de la Antártida

Dumont d'Urville
(Francia)

HACIA
AUSTRALIA

Más de 2 millones de parejas de pingüinos de Adelia se reproducen en la Antártida cada año. Anidan en zonas rocosas sin hielo.

HACIA
NUEVA
ZELANDA

Foca leopardo

Pingüino de Adelia

LEYENDA

NATURALEZA

▲ Volcán

🐦 Aves marinas

🐟 Peces

OTROS

🏠 Base de investigación

🚢 Barco de arrastre

ACTIVIDADES

⛷ Esquí de fondo

EL ÁRTICO

El extremo norte de los países de Europa, Asia y América del Norte se encuentran dentro de la región ártica. En su centro está el polo norte. La mayor parte del Ártico es hielo, que flota sobre el océano Ártico. En verano, el hielo se contrae y se rompe y, en invierno, se expande.

Figuras inuit

Los inuit son un pueblo indígena de las regiones árticas de Estados Unidos, Canadá y Groenlandia. El arte es importante para ellos, y los artesanos esculpen materiales naturales como piedra y hueso.

Oso polar

El grueso pelaje de este oso lo mantiene caliente en las gélidas temperaturas del Ártico. Caza, sobre todo focas, a través de agujeros en el hielo. Es también un buen nadador.

LEYENDA

INDUSTRIA

Petróleo

Oro

Gas

Cobre

Hierro

PESCA

Salmón

ACTIVIDADES

Esquí de fondo

RUSIA

Los chukchis del Ártico ruso usan sus rebaños de renos como transporte y alimento.

Pevek

Charrán ártico

Estas aves, se reproducen en el verano ártico y vuelan a la Antártida para disfrutar del verano austral.

Tiksi

Los lemmings viven en la tundra, una zona sin árboles alrededor del Ártico.

Lemming canadiense

Játanga

Sauce ártico

Este pequeño sauce es la planta leñosa que vive más al norte.

MAR DE LÁPTEV

Chukchi

MAR DE CHUKCHI

MAR DE SIBERIA ORIENTAL

OCÉANO ÁRTICO

Las morsas se alimentan en el mar y descansan en tierra o en el hielo flotante.

Barrow

Morsa

El círculo polar ártico es un círculo imaginario que marca el límite de la región ártica.

ESTADOS UNIDOS

Prudhoe Bay

Inuvik

MAR DE BEAUFORT

Para defenderse de osos polares y lobos, el buey almizclero usa sus grandes cuernos curvados.

Anchorage

Buey almizclero

ESCALA

0   250 km

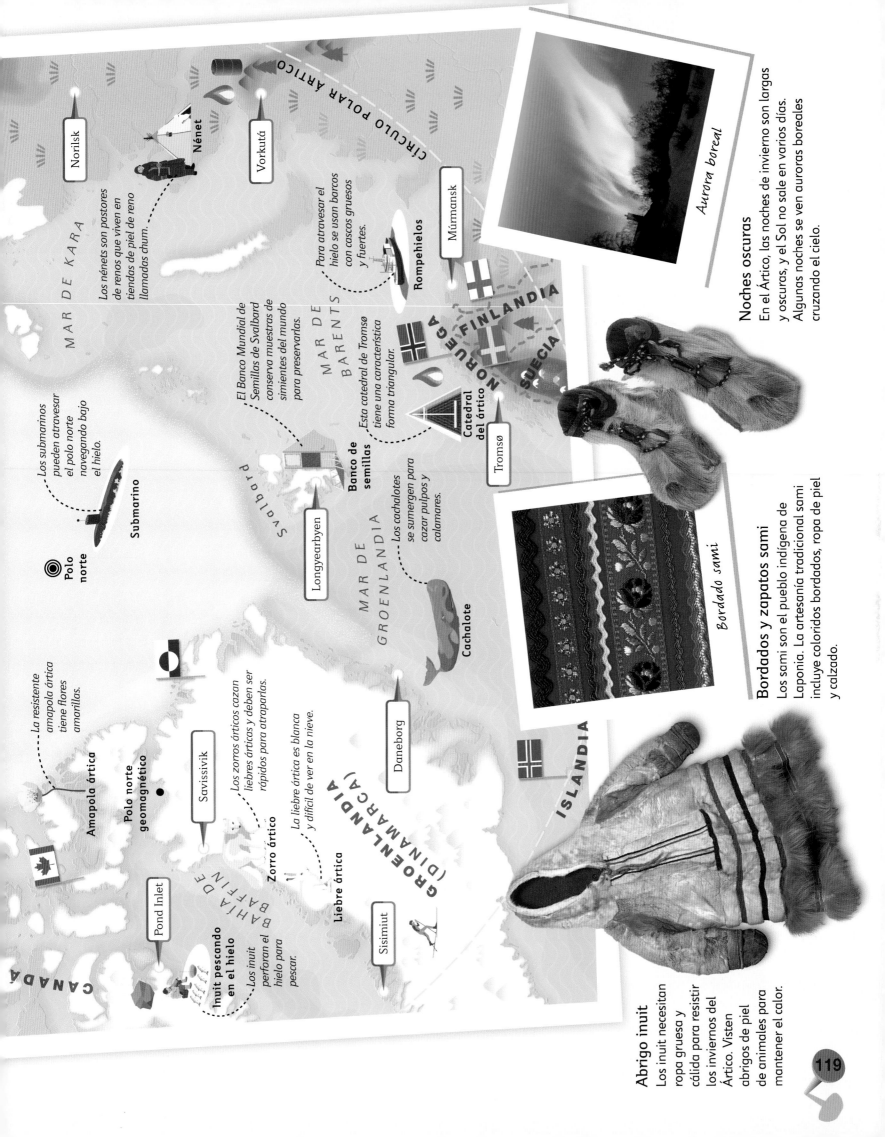

CÍRCULO POLAR ÁRTICO

Norilsk

Nénet

Los nénets son pastores de renos que viven en tiendas de piel de reno llamadas chum.

Vorkutá

Rompehielos

Para atravesar el hielo se usan barcos con cascos gruesos y fuertes.

MAR DE KARA

Múrmansk

MAR DE BARENTS

El Banco Mundial de Semillas de Svalbard conserva muestras de simientes del mundo para preservarlas.

Esta catedral de Tromsø tiene una característica forma triangular.

Catedral del ártico

NORUEGA

FINLANDIA

SUECIA

Los submarinos pueden atravesar el polo norte navegando bajo el hielo.

Submarino

Svalbard

Banco de semillas

Longyearbyen

Tromsø

⊚ **Polo norte**

Los cachalotes se sumergen para cazar pulpos y calamares.

MAR DE GROENLANDIA

Cachalote

La resistente amapola ártica tiene flores amarillas.

Amapola ártica

Polo norte geomagnético

Savissivik

Los zorros árticos cazan liebres árticas y deben ser rápidos para atraparlas.

Zorro ártico

La liebre ártica es blanca y difícil de ver en la nieve.

Liebre ártica

Daneborg

GROENLANDIA (DINAMARCA)

Pond Inlet

BAHÍA DE BAFFIN

CANADÁ

Inuit pescando en el hielo

Los inuit perforan el hielo para pescar.

Sisimiut

ISLANDIA

Noches oscuras

En el Ártico, las noches de invierno son largas y oscuras, y el Sol no sale en varios días. Algunas noches se ven auroras boreales cruzando el cielo.

Aurora boreal

Bordados y zapatos sami

Los sami son el pueblo indígena de Laponia. La artesanía tradicional sami incluye coloridos bordados, ropa de piel y calzado.

Bordado sami

Abrigo inuit

Los inuit necesitan ropa gruesa y cálida para resistir los inviernos del Ártico. Visten abrigos de piel de animales para mantener el calor.

¿SABES LA RESPUESTA?

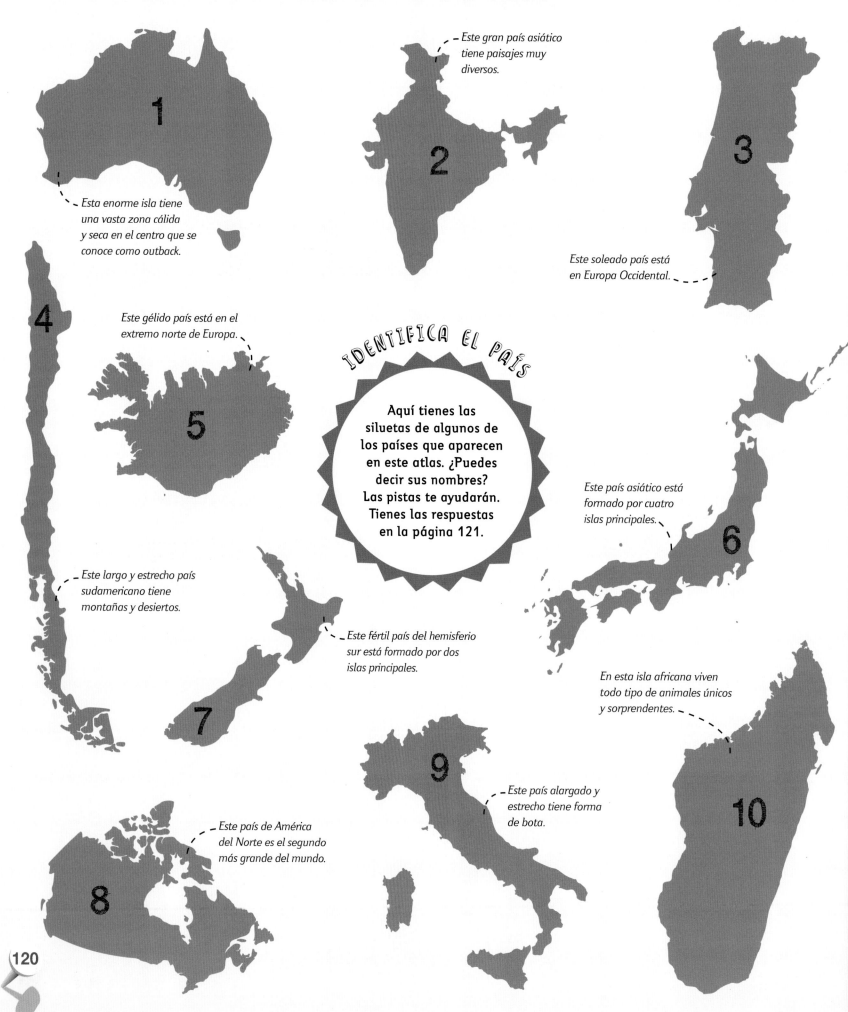

Este gran país asiático tiene paisajes muy diversos.

1

2

3

Esta enorme isla tiene una vasta zona cálida y seca en el centro que se conoce como outback.

Este soleado país está en Europa Occidental.

4

Este gélido país está en el extremo norte de Europa.

5

IDENTIFICA EL PAÍS

Aquí tienes las siluetas de algunos de los países que aparecen en este atlas. ¿Puedes decir sus nombres? Las pistas te ayudarán. Tienes las respuestas en la página 121.

Este país asiático está formado por cuatro islas principales.

6

Este largo y estrecho país sudamericano tiene montañas y desiertos.

Este fértil país del hemisferio sur está formado por dos islas principales.

En esta isla africana viven todo tipo de animales únicos y sorprendentes.

7

9

Este país alargado y estrecho tiene forma de bota.

10

Este país de América del Norte es el segundo más grande del mundo.

8

120

Todas estas imágenes aparecen en alguna página del libro. A ver si sabes responder a las siguientes preguntas. Las respuestas están al pie de esta página.

3. ¿En qué país vive el kakapo?

2. ¿En qué país del norte de África está este antiguo teatro?

1. ¿En qué país está el desierto de Atacama?

4. ¿Con qué animal está emparentado el okapi?

5. ¿En qué región vive esta liebre?

6. ¿De qué país era el pintor Vincent van Gogh?

7. ¿De qué país asiático es símbolo nacional el lirio negro?

11. ¿En qué país está el monte Taranaki?

10. ¿Dónde hay estrellas en la acera?

9. ¿En qué país está la Ciudad Prohibida?

8. ¿Dónde crece esta amapola amarilla?

12. ¿En qué país montañoso viven las llamas?

13. ¿En qué gran lago de Rusia vive esta foca?

14. ¿En qué país está el Buda de Shwethalyaung?

15. ¿En qué país asiático encontrarías el zigurat de Ur?

19. ¿Cómo se llama esta torre inclinada italiana?

18. ¿En qué país africano se come nshima?

17. ¿En qué continente se celebra la Maratón de Hielo?

16. ¿En qué país puedes ver esta bailarina Odissi?

20. ¿En qué país se encuentra la Sirenita?

21. ¿De qué país procede la gimnasta Nadia Comāneci?

22. ¿Qué ciudad de Estados Unidos es famosa por sus tranvías?

23. ¿Cómo se llama este pez de aspecto extraño?

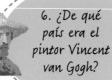

Respuestas: Páginas 8-9 América del Norte: 1. Monte Rushmore, 2. Toronto, 3. Ituit, 4. México, 5. Nueva York, 6. Río Colorado, 7. Inuit, 8. Canal de Panamá. **Páginas 22-23 América del Sur:** 1. Río de Janeiro, 2. Andes, 3. Colombia, 4. Chile, 5. Brasil, 6. Argentina, 7. Oso de anteojos, 8. Perú. **Páginas 34-35 África:** 1. Tuareg, 2. Kenia, 3. Libia, 4. Feluca, 5. Congo, 6. Sudáfrica, 7. Zambia, 8. Madagascar **Páginas 50-51 Europa:** 1. Córrego, 2. Catedral de San Basilio, 3. Inglaterra, 4. Salzburgo, 5. Chequia, 6. Francia, 7. Río Danubio, 8. España. **Páginas 80-81 Asia:** 1. India, 2. Turquía, 3. China, 4. Mongolia, 5. Taiwán, 6. China, 7. Tokyo Skytree, 8. Corea del Sur. **Páginas 108-109 Australasia y las regiones polares:** 1. Zorro ártico, 2. Tasmania, 3. Australia, 4. Uluru, 5. Nueva Zelanda, 6. Inuit, 7. Antártida, 8. Gran Barrera de Coral. **Página 120 Identifica el país:** 1. Australia, 2. India, 3. Portugal, 4. Chile, 5. Islandia, 6. Canadá, 7. Japón, 8. Canadá, 9. Italia, 10. Madagascar. **Página 121 Identifica la imagen:** 1. Chile, 2. Argelia, 3. Nueva Zelanda, 4. Jirafa, 5. Ártico, 6. Países Bajos, 7. Jordania, 8. Ártico, 9. China, 10. Los Ángeles, 11. Nueva Zelanda, 12. Perú, 13. Lago Baikal, 14. Myanmar, 15. Irak, 16. India, 17. Antártida, 18. Zambia, 19. Torre de Pisa, 20. Dinamarca, 21. Rumanía, 22. San Francisco, 23. Bacalao austral.

121

GLOSARIO

aborígenes

Habitantes originarios de un país.

anexión

Declaración de soberanía de un Estado o de un poder sobre otro territorio.

arrecife de coral

Estructura similar a una roca formada por corales (animales marinos simples) en aguas cálidas de las costas tropicales.

cañón

Valle profundo y estrecho con lados muy empinados y rocosos. Suele discurrir por él un arroyo o un río.

capital

Ciudad más importante de un país. Suele ser la sede del gobierno de la nación.

clima

Conjunto de condiciones atmosféricas que caracterizan una región.

clima tropical

Condiciones que se dan en zonas cercanas al ecuador. Es muy caluroso y húmedo.

continentes

Siete grandes áreas de tierra en las que se divide el mundo: África, Antártida, Asia, Australasia, Europa, América del Norte y América del Sur.

cultivos

Plantas que se cultivan para alimentar a personas y animales. Necesitan suelo y clima adecuados para crecer.

cultura

Forma de vida y creencias de la gente de una región o país.

delta

Tierra llana formada por material depositado por un río donde este desemboca en el mar o un lago. Este suelo suele ser muy fértil.

desierto

Región seca que recibe lluvias anuales inferiores a los 25 cm. Pueden ser cálidos o fríos. Pocos animales y plantas viven en ellos.

dunas

Montículos o colinas de arena que forman el viento o el agua que empuja la arena. Suelen estar a lo largo de playas o desiertos arenosos.

ecuador

Línea imaginaria alrededor de la Tierra que es equidistante entre los polos norte y sur. Los países cercanos al ecuador son más cálidos que los más alejados.

embalse

Lago natural o artificial donde se almacena el agua de un río para riego, abastecimiento humano o producción de energía eléctrica.

energía hidroeléctrica

Electricidad creada por máquinas impulsadas por agua, que fluye a alta presión a través de presas construidas en los ríos.

especie

Grupo distintivo de animales o plantas que comparten unas características comunes o similares.

estado

Nación o territorio que está organizado como una comunidad bajo un gobierno.

estepa

Gran llanura con vegetación herbácea que se extiende entre el este de Europa y Asia central.

etnia

Grupo de personas que comparten la misma raza, religión o cultura.

exportaciones

Bienes o servicios que se venden a otro país.

extinción

Una planta o animal están en peligro de extinción cuando quedan pocos ejemplares vivos.

extinto

Se dice de una planta o animal que no tiene miembros vivos. Todos los dinosaurios, por ejemplo, están extintos.

fauna

Animales salvajes que viven en un territorio determinado.

fiordo

Bahía o ensenada larga y estrecha con altos lados escarpados y rocosos. Esta palabra noruega describe las numerosas y profundas ensenadas de la costa noruega.

fósil

Restos o formas de una planta o animal prehistóricos que se han conservado en la roca.

fuente termal

Lugar donde brota agua calentada por la actividad volcánica.

géiser

Fuente de agua caliente y vapor que sale del suelo en forma de surtidor. Se forman cuando una corriente subterránea fluye sobre rocas volcánicas calientes.

glaciar

Enorme y gruesa capa de hielo que se mueve muy lentamente por la ladera de una montaña o sobre una zona de tierra. Moldean el paisaje.

golfo

Amplia zona de mar que se interna en la tierra entre dos cabos, como el golfo de México y el golfo Pérsico.

huracán

Tormenta muy violenta con vientos fuertes que pueden causar muchos daños.

iceberg

Masa de hielo desprendida de un glaciar o una placa de hielo que sobresale de la superficie del mar.

importaciones

Bienes o servicios comprados a otro país.

indígena

Pueblo originario de un territorio o país.

isla

Porción de tierra rodeada de agua por todas partes. Las islas se encuentran en océanos, mares, lagos y ríos.

humedales

Terreno con suelo húmedo y pantanoso, como una marisma.

llanura

Terreno llano y abierto con muy pocos árboles. Suele estar cubierta de hierba.

mar

Gran masa de agua salada que cubre gran parte de la Tierra.

matorral

Zona de tierra no cultivada cubierta de matas, arbustos y maleza.

meseta

Planicie extensa situada a considerable altura sobre el nivel

del mar. Algunas montañas, como la Mesa de Ciudad del Cabo (Sudáfrica), tienen una meseta en la cima.

migrar
Trasladarse del lugar en que se vive a otro. La gente migra por muchas razones, como encontrar trabajo o escapar de la guerra.

mina
Lugar de donde se extraen recursos naturales (como oro, carbón, hierro o cobre) y piedras preciosas (como diamantes o rubíes).

mineral
Sustancia natural que se encuentra en las rocas de la Tierra, como metales y piedras preciosas.

montaña
Gran elevación natural del terreno. Algunas cimas alcanzan tanta altura que conservan la nieve en verano.

monzón
Viento fuerte que sopla en el sur y sudeste de Asia. Cambia de dirección según las estaciones y provoca lluvias intensas de mayo a septiembre.

nativo
Persona vinculada a un lugar por nacimiento.

nivel del mar
Altura de las aguas del mar cuando está en calma, que sirve de referencia para medir la altura o la profundidad de una montaña, un punto geográfico, etc.

nómada
Persona que no vive en un lugar fijo y que se dedica sobre todo a la caza y al pastoreo.

oasis
Zona de tierra fértil en el desierto. En él pueden crecer plantas, porque el agua se halla en o muy cerca de la superficie.

océano
Mar muy grande. Hay cinco océanos: Pacífico, Atlántico, Índico, Ártico y Antártico.

país
Territorio gobernado por unos mismos dirigentes y con la misma bandera. La mayoría de los continentes están formados por varios países.

pampa
Extensas praderas que se encuentran en América del Sur.

parque nacional
Extensión de terreno natural acotado y protegido por las leyes de un país para proteger su flora y su fauna, y para disfrute de la gente.

península
Franja de tierra que está rodeada de agua en tres de sus lados.

población
Número de personas que viven en un determinado lugar.

pradera
Terreno abierto cubierto de hierba y pequeños arbustos. Plantas más grandes, como árboles, no crecen en praderas.

provincia
División territorial administrativa de un país o estado.

puerto
Lugar en la costa o en las orillas de un río que sirve para que los barcos carguen o descarguen mercancías o personas.

rápidos
Aguas de un río que se mueven a gran velocidad, porque fluyen sobre un terreno muy escarpado.

región polar
Zona cercana al polo norte o sur. Las regiones polares están cubiertas de una gruesa capa de hielo en gran parte del año y son extremadamente frías.

reserva de caza
Zona donde los animales salvajes están protegidos de los cazadores, o donde la caza está limitada por ley. En África hay muchas reservas de caza.

riego
Suministro de agua a zonas secas de tierra para que los cultivos puedan crecer. El agua se transporta o bombea a lo largo de tuberías o zanjas.

río
Corriente de agua que fluye de un lugar alto a otro más bajo.

sabana
Llanura muy extensa, con pocos árboles y abundantes plantas herbáceas, propia de zonas tropicales y subtropicales.

safari
Viaje para observar o fotografiar animales salvajes en su entorno natural. Suelen realizarse en África.

selva tropical
Bosque denso y cálido con precipitaciones muy altas. La mayoría están cerca del ecuador.

terremoto
Movimiento de grandes bloques de roca bajo la superficie de la Tierra. Pueden abrirse grietas en el suelo y provocar el derrumbe de edificios.

terreno
Zona de tierra, normalmente con unas características particulares, como montañas o llanuras hebáceas.

territorio
Zona de tierra que pertenece a un país o un Estado.

tierra fértil
Suelo bueno para cultivar.

tornado
Nube giratoria de viento muy fuerte. Destruyen casi todo a su paso.

tribu
Grupo de personas que comparten la misma cultura e historia. Por lo general se refiere a personas que viven juntas en comunidades tradicionales, lejos de ciudades y pueblos.

utensilio
Objeto hecho por personas, en general de interés histórico o cultural.

valle
Zona baja de tierra entre colinas o montañas.

vegetación
Tipo de plantas que se encuentran en una zona de tierra determinada.

volcán
Montaña o colina que puede entrar en erupción vertiendo lava caliente (roca fundida) desde un cráter.

ÍNDICE

A

Acra (Ghana) 43
Afganistán 92
África 7, 34-47
  población 33
aguas termales 70, 85, 86, 114, 115
Al-Kufrah (Libia) 21
Alaska (Estados Unidos) 12
Alejandro Magno 92
Alemania 53, 62-3
Alpes 53, 61
Altos Tatras (Polonia/Eslovaquia) 69
Amazonas, río 24, 78-9
América Central 18
América del Norte 6, 8-19
América del Sur 6, 22-31
  población 33
Ámsterdam (Países Bajos) 60
Amundsen, Roald 117
anfiteatros 39, 67, 70, 107
animales domesticados
  abejas 71
  caballos 61, 83, 99
  caballos lipizzanos 61
  camellos 36, 40
  Escuela Española de Equitación (Viena) 61
  ganado vacuno 31
  mejillones 60, 115
  salmón 85
  ver también flora y fauna
Antártida 6, 20, 21, 109, 116-17
Arabia Saudí 90-1
Argelia 38, 39
Argentina 30-1
arquitectura
  dachas 77
  edificios más altos 106
  edificios más antiguos 106
  Grecia 75
  La Bauhaus 62
  Le Corbusier 61
  rascacielos 106
  ver también lugares históricos; lugares turísticos modernos
arrecifes de coral 111
arrozales 83
arte y cultura
  anime (Japón) 102
  Auguste Rodin 58
  baile maorí (Nueva Zelanda) 114, 115
  baile tradicional turco 87
  bailes tradicionales griegos 74
  ballet 19, 76
  Bollywood (India) 95
  Bolshoi (Moscú) 76
  cómics y dibujos animados (Japón) 102
  cultura precolombina 26
  Drácula (Rumanía) 72
  estatuas del hareubang (Jeju, Corea) 101
  flamenco (España) 65
  frescos (monasterio de Horezu, Rumanía) 72
  gaitas (Escocia) 56
  guitarras españolas 65
  industria del cine 95, 102
  Kathakali (India) 95
  la haka (Nueva Zelanda) 114
  La última cena (Leonardo da Vinci) 66
  LEGO (Dinamarca) 55
  moáis (isla de Pascua) 31
  Moko Jumbies (Trinidad y Tobago) 19
  Nenúfares (Claude Monet) 58
  Ópera de Sídney (Australia) 113
  pinturas rupestres (Argelia) 39
  tango (Argentina) 30
  títere javanés (Java) 105
  Tomorrowland (Bélgica) 60
  vidrieras (Irán) 91
  William Shakespeare (Reino Unido) 56
artesanía
  azulejos de Isfahán 90
  azulejos de Iznik 86
  azulejos portugueses 64
  bordados sami 119
  cristal de Bohemia 68
  estatuillas haida 12
  fabricación de vidrio 68
  fabricar cometas (Malasia) 104
  figuras inuit 118
  globos de fuego 97
  máscaras rituales (Nigeria) 42
  matrioshkas (Rusia) 76
  mazas maoríes 115
  muselina jamdani (Bangladés) 96
  porcelana 99
  relojes de cuco 63
  tejido de alfombras 88
  telas y marfil tallado yoruba 42
Ártico 109, 118-19
Asia 7, 80-105
  población 32-3
Astaná (Kazajistán) 84
Asuán (Egipto) 21
Atacama, desierto de (Chile) 21, 30
Atenas (Grecia) 75
atracciones turísticas
  populares 107
  ver también lugares históricos; lugares turísticos modernos; maravillas naturales; templos religiosos
auroras boreales 48, 119
Australasia 7, 108-15
  población 33
Australia 109, 110, 111, 112-13
Austria 53, 61
aves, *ver* flora y fauna
Azores (Portugal) 64

B

Bahamas 19
bahía de Ha Long (Vietnam) 104
Baikal, lago (Rusia) 85
baile, *ver* arte y cultura
banderas 4
Bangladés 96
Barcelona (España) 65, 107
Bélgica 60
Belice 18
Bergen (Noruega) 55
Berlín (Alemania) 62
Birmania, *ver* Myanmar
Bled, Lago (Eslovenia) 70
Bolivia 24
Bombay (India) 94, 95
Bósforo (Turquía) 86
bosques 5
  norte de Europa 52
  selva 24, 28, 44, 48
Brasil 23, 24, 28-9, 32
Brunéi 105
Budapest (Hungría) 70
budismo 95, 98
Bulgaria 72-3

C

calentamiento global 20
Camboya 104
Canadá 10-11, 12-13
cañón de Taroko (Taiwán) 99
cañón del río Blyde (Sudáfrica) 46
capitales 4
Caribe 11, 19
Cárpatos (Rumanía) 72, 73
Casablanca (Marruecos) 38
cascada Browne (Nueva Zelanda) 49
castillos, *ver* lugares históricos
Catar 82
catarata Ramnefjells (Noruega) 49
cataratas
  cascada Browne (Nueva Zelanda) 49
  catarata Ramnefjells (Noruega) 49
  cataratas de Iguazú (Brasil/Argentina) 29
  cataratas del Niágara (Canadá/Estados Unidos) 13
  cataratas Gocta (Perú) 49
  cataratas Victoria (Zambia/Zimbabue) 45, 48
  más altas 49
  salto Ángel (Venezuela) 26, 49
  salto del Tugela (Sudáfrica) 49
  Skradin (Croacia) 70
catedrales, *ver* recintos religiosos
Cerdeña (Italia) 67
Cervino (Italia/Suiza) 61
Chequia (República Checa) 68-9
Cherrapunji (Meghalaya, India) 21
Chichicastenango (Guatemala) 18
Chile 24, 30-1
China 32, 98-9
círculo polar ártico 13, 48, 118-19
Cisjordania 89
Ciudad de México 10, 16, 17, 33
Ciudad del Cabo (Sudáfrica) 37, 46
Ciudad del Vaticano 67, 107
ciudades
  capitales 4
  más pobladas 33
climas 20-1
  mediterráneo 20
  subtropical 20
  templado 20
  tropical 20
Coliseo (Roma) 67, 107
Colombia 24, 26
comida
  arenques (norte de Europa) 54
  arroz jollof y suya (Nigeria) 42
  barbacoas (Australia) 112
  bento (Japón) 102
  bibimbap (Corea) 101
  blinis (Rusia) 77
  bobotie (Sudáfrica) 46
  bunny chow (Sudáfrica) 46
  Caribe 19
  carne de vacuno (Argentina) 31
  Chlebíčky (República Checa) 69
  chocolates (Bélgica) 60
  cultura de los cafés (Francia) 59
  curris (India y Sri Lanka) 94
  dim sum (China) 99
  fatayer (Líbano) 88
  fideos Shan (Myanmar) 97
  fish and chips (Reino Unido) 56
  goulash (Hungría) 70
  helado (Italia/Turquía) 66, 87
  inerja (Etopía) 41
  kebabs (Grecia/Turquía) 87
  kimchi (Corea) 101
  mejillones y chips (Bélgica) 60
  momos (Nepal) 96
  panes y pasteles (Alemania) 63
  páprika (Hungría) 70
  pasta (Italia) 67
  pescado y patats fritas (Reino Unido) 56
  pho (Vietnam) 104
  pizza (Italia) 67
  queso (Francia/Polonia) 58, 69
  salchicha (eslovaca) 69
  shchi (Rusia) 76
  tabbule (Líbano) 88
  tacos (México) 17
  tapas (España) 65
  tarta Sacher (Austria) 61
  tayín (norte de África) 38
  tzatziki (Grecia) 75
Congo, República Democrática de (RDC) 44
Congo, río 44, 78
Copenhague (Dinamarca) 55
Córcega (Francia) 59
cordillera de los Andes 24, 27, 30
Corea 100-1
Corea del Norte 100-1
Corea del Sur 100-1

Costa de Marfil 43
Costa Rica 18
Cracovia (Polonia) 69
Croacia 70
Cropp, río (Nueva Zelanda) 21
Cuba 19
cuevas
   Gouffre Mirolda (Francia) 49
   Illuzia-Snezhnaja-Mezhonnogo
     (Georgia) 49
   Krubera-Voronja (Georgia) 49
   Lamprechtsofen (Austria) 49
   Mammoth Cave (Kentucky, Estados
     Unidos) 49
   más profundas 49
   Réseau Jean Bernard (Alpes franceses)
     49
   Vogelschacht (Austria) 49
cultura, *ver* arte y cultura
Cuzco (Perú) 27

D

deportes
   All Blacks, equipo de rugby 114
   artes marciales 102
   béisbol 15
   capoeira 29
   caza 84
   chinlone (pelota de caña) 97
   ciclismo 13, 59, 60
   esquí 61, 68
   fútbol 29
   hockey sobre hielo 12
   Juegos Olímpicos 29
   kendo 102
   lucha libre mexicana 17
   montañismo 96
   rugby 114
   senderismo 61, 68, 73
   surfear 112
   taichí 98
   Tour de France 59
   Tour de l'Île de Montreal 13
desierto Antártico 49
desierto de Arabia 49
desierto del Kalahari 49
desierto de Gobi 49, 98
desierto del Sahara 36, 39, 49
desiertos 5, 90
   Atacama, desierto de (Chile) 21, 30
   clima 20
   desierto Antártico 49
   desierto de Arabia 49
   desierto de Gobi 49, 98
   desierto del Kalahari 49
   mayores 49
   Sahara 36, 39, 49
Dinamarca 55
dinosaurios 98
Dresde (Alemania) 63
dunas de arena 39

E

ecuador 6
Egipto 37, 40
El Cairo (Egipto) 33
El Salvador 18
Escocia 56
Eslovaquia 68-9
Eslovenia 70
España 64-5
esquí 61, 68
Estación Vostok (Antártida) 21
Estados Unidos de América 10-11, 14-15
   población 32, 33
Estambul (Turquía) 86, 107
estepa 98
Estocolmo (Suecia) 55
Estonia 76
estrecho de Milford (Nueva Zelanda) 111
Etiopía 41
Europa 7, 50-77
   población 33
Europa Central 68-9
Everest, monte (Nepal) 48, 78, 96
Eyjafjallajökull (Islandia) 54

F

festividades
   Acción de Gracias (Estados Unidos) 15
   año nuevo chino 98
   ceremonia del té (Japón) 102
   Día de la Independencia (Estados
     Unidos) 15
   Día de Muertos (México) 17
   Día del Niño (Ucrania) 71
   Festival de Ballet de La Habana (Cuba)
     19
   Festival Aomori Nebuta (Japón) 102
   Festival de farolillos (Jinju) 101
   Festival de Holi (India) 94
   Festival de Luces (Myanmar) 97
   Festival de poesía (Nicaragua) 18
   Halloween (Estados Unidos) 15
   Ramadán 93
Filadelfia (Estados Unidos) 15
Filipinas 105
Finlandia 52, 54-5, 79
fiordos 54
Fiyi 111
fósiles 98
Francia 53, 58-9
Franja de Gaza 89
fronteras 5
frutos secos, *ver* agricultura
Fuji, monte (Japón) 103

G

Gales 56, 57
Ganges, río 78, 82
géiser Pohutu 114
Ghana 43
glaciares 115

Gran Barrera de Coral (Australia) 48,
   111, 113
Gran Cañón (Estados Unidos) 48
Grecia 74-5
Groenlandia 119
Guatemala 18

H

hábitats 5
Hamburgo (Alemania) 62
Haití 19
Hawái (Estados Unidos) 10, 14
Himalaya 78, 82, 94, 96
Hindukush 92
Honduras 18
Hong Kong (China) 99
Hungría 70

I

idioma 4
iglesias, *ver* recintos religiosos
India 94-5
   población 32, 33
Indo, río 93
Indonesia 32, 105
industria
   cría de salmones 85
   minas de cobalto 44
   pesca 75, 115
   petróleo 12, 42
Inglaterra 56-7
insectos, *ver* flora y fauna salvaje
internet 100
Irak 90
Irán 90-1
Irawadi, río 97
Irlanda 56-7
Irlanda del Norte 56
Isfahán (Irán) 90
isla de Jeju (Corea) 101
isla de Pascua (Chile) 31
islam 91, 93
Islamabad (Pakistán) 93
Islandia 54
islas Británicas 56-7
islas Canarias (España) 64
islas del Pacífico 109, 110, 111
Islas Marshall 11
islas Ryukyu (Japón) 103
Islas Solomón 111
islas Yaeyama (Japón) 103
Israel 89
Italia 53, 66-7

J

Jamaica 19
Japón 102-3
Java 104, 105
Jerusalén (Israel) 89
Jinju (Corea del Sur) 101
Jordania 89

K

K2 (Pakistán) 78
Kangchenjunga (India/Nepal) 78
Kazajistán 84
Kebili (Túnez) 21
Kenia 41
Kiev (Ucrania) 71
Kilauea (Hawái) 10
Kim Il-sung 100
Kiribati 111
Klinck (Groenlandia) 21

L

La Meca (Arabia Saudí) 91
lago Inle (Myanmar) 97
lagos
   Baikal (Rusia) 85
   Bled (Eslovenia) 70
   Finlandia 79
   Inle (Myanmar) 97
   lagos de Band-e Amir (Afganistán) 92
   mar Caspio 79
   Mayor 79
   Nasser (Egipto) 40
   Superior (Canadá/Estados Unidos) 79
   Titicaca (Bolivia/Perú) 24
   Victoria (África) 79
Laos 104
Laponia (Noruega/Suecia/Finlandia) 54
Larsen, barrera de hielo (Antártida) 116
Letonia 76
Lhotse (Nepal) 78
Líbano 88
Libia 38, 39
Liechtenstein 52, 53
Lisboa (Portugal) 64
Lituania 76
Liwu, río 99
Londres (Inglaterra) 57
Los Ángeles (Estados Unidos) 14
lugares históricos
   Ambohimanga (Madagascar) 47
   anfiteatro de Pula (Croacia) 70
   Angkor Wat (Camboya) 104, 107
   arco de triunfo (Tiro) 88
   baños Széchenyi (Budapest) 70
   castillo de Bran (Rumanía) 72
   castillo de Chenonceau (Francia) 58
   castillo de Vianden (Luxemburgo) 60
   castillos del Rin (Alemania) 63
   Chichén Itzá (México) 107
   Ciudad Prohibida (Pekín) 107
   ciudadela de Herat (Afganistán) 92
   Coliseo (Roma) 67, 107
   El Jem (Túnez) 39
   Gran Muralla China 107
   Gran Pirámide de Guiza (Egipto) 40,
     107
   Machu Picchu (Perú) 27, 107
   museo Vasa (Estocolmo) 55
   palacio Topkapi (Estambul) 86

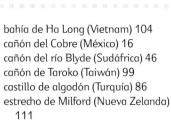

Palenque (México) 17
Parque de San Agustín (Colombia) 26
Partenón (Atenas) 75
Petra (Jordania) 89, 107
pirámides 40, 107
plaza del Mercado (Cracovia) 69
puente de Carlos (Praga) 68
Puerta de Brandenburgo (Berlín) 62
reloj astronómico (Praga) 68
Taj Mahal (India) 107
Tassili n'Ajjer (Argelia) 39
templos megalíticos (Malta) 106
Torre Eiffel (París) 52, 107
Ur (Irak) 90
lugares singulares 106-7
  ver también lugares históricos; lugares
    turísticos modernos; maravillas
    naturales; recintos religiosos
lugares turísticos modernos
  Base Halley VI 116
  Burj Khalifa (Dubái) 106
  Iconic Tower (Nueva Capital
    Administrativa) 106
  Cristo Redentor (Río de Janeiro) 29, 107
  Estación Espacial Internacional 85
  Estadio Rungrado Primero de Mayo
    (Pionyang) 100
  torre Lakhta (San Petersburgo) 106
  Gran Torre Santiago (Santiago, Chile)
    106
  One World Trade Center (Nueva York)
    106
  Ópera de Sídney (Australia) 113
  Palacio Presidencial de Akorda (Astaná)
    84
  presa de Asuán (Egipto) 40
  Proyecto Edén (Inglaterra) 57
  ver también puentes
Luxemburgo 60
Luxor (Egipto) 21
Lysefjord (Noruega) 54

M

Madagascar 47
Madeira (Portugal) 64
Mahoma, profeta 91
Makalu (China/Nepal) 78
Malasia 104
Malmö (Suecia) 55
Malta 106
mapa, escala de un 4
mapa, leyenda de un 5
mapamundi 6-7
mapas, cómo leer los 4-5
mar Caspio 79
mar Mediterráneo 52
mar Muerto (Israel/Jordania/Cisjordania)
    82
mar Negro 72
maravillas naturales 48-9
  acantilados de Moher (Irlanda) 57
  auroras boreales 48, 119

bahía de Ha Long (Vietnam) 104
cañón del Cobre (México) 16
cañón del río Blyde (Sudáfrica) 46
cañón de Taroko (Taiwán) 99
castillo de algodón (Turquía) 86
estrecho de Milford (Nueva Zelanda)
    111
géiser Pohutu 114
glaciar Franz Josef (Nueva Zelanda)
    115
Gran Barrera de Coral (Australia) 48,
    111, 113
Gran Cañón (Estados Unidos) 48
Preikestolen (Noruega) 54
puerto de Río de Janeiro (Brasil) 48
Uluru (Australia) 107, 110
valle de la Muerte (California, Estados
    Unidos) 21
valle de los Monumentos (Estados
    Unidos) 10
  ver también cuevas; lagos; montañas;
    ríos; volcanes; cascadas
Marrakech (Marruecos) 38
Marruecos 38
Mauritania 36
Mawsynram (Meghalaya, India) 21
mercados
  África Occidental 36
  medina (Marrakech, Marruecos) 38
  mercadillos (Francia) 59
  mercado artesanal (San Pedro, Perú) 27
  mercado callejero (Chichicastenango,
    Guatemala) 18
  mercado navideño (Dresde, Alemania)
    63
  plaza del Mercado (Cracovia, Polonia)
    69
meteoritos 117
México 16-17
mezquitas, ver recintos religiosos
Micronesia 110
Misisipi, río 78-9
Mohenjo-daro (Pakistán) 21
momias 40
Mónaco 53, 59
Mongolia 32, 83, 98-9
Mont Blanc (Francia/Italia) 53
montaña de la Mesa (Sudáfrica) 37, 46
montañas 5, 78-9
  Alpes 53, 61
  Altos Tatras (Polonia/Eslovaquia) 69
  Andes 24, 27, 30
  Cárpatos (Rumanía) 72, 73
  Himalaya 78, 82, 94, 96
  Hindukush 92
  K2 (Pakistán) 78
  Kangchenjunga (India/Nepal) 78
  Lhotse (Nepal) 78
  Makalu (China/Nepal) 78
  montaña de la Mesa (Sudáfrica) 37, 46
  Montañas Rocosas 10
  monte Everest (Nepal) 48, 78, 96

monte Fuji (Japón) 103
monte Paektu (Corea del Norte) 100
montes Pirin (Bulgaria) 73
Pan de Azúcar (Río de Janeiro, Brasil)
    29, 48
  ver también volcanes
Montañas Rocosas 10
montes Pirin (Bulgaria) 73
Montreal 13
monzones 21
Moscú (Rusia) 33, 53
música, ver también arte y cultura
Myanmar 97

N

Nasser, lago (Egipto) 40
Nepal 78, 96
Nicaragua 18
Nigeria 42
Nilo, río 37, 40
noches árticas 119
norte de África 38-9
norte de Europa 52, 54-5
Noruega 52, 54-5
Nueva York (Estados Unidos) 11, 15
Nueva Zelanda 109, 110, 111, 114-15

O

oleoducto Trans-Alaska 12
Orinoco, río 78
orquídeas 47
Oymyakon (Rusia) 21

P

Paektu, monte (Corea del Norte) 100
Países Bajos 60
Pakistán 93
palacios, ver lugares históricos; lugares
    turísticos modernos
Palenque (México) 17
Pampa 25, 31
Pamukkale (Turquía) 86
Pan de Azúcar (Río de Janeiro) 29, 48
Panamá 18
Papúa Nueva Guinea 105, 110
París (Francia) 52, 107
Parque Nacional de Virunga (Congo) 44
paso Khyber (Afganistán/Pakistán) 82
Patagonia 31
peces, ver flora y fauna salvaje
Pekín (China) 99, 107
Perth (Australia) 110, 112
Perú 24, 27
Petra (Jordania) 89, 107
Pionyang (Corea del Norte) 100
pluviosidad 21
población 32-3
población infantil 33
Polinesia Francesa 111
polo norte 118
polo sur (Antártida) 21, 117
Polonia 68-9

Portugal 64
Praga (República Checa) 68
productos agrícolas
  aceite de canola 13
  aceite de oliva 65
  aguacates 19
  albaricoques 92
  algodón 40
  arroz 83
  azafrán 90
  boniatos 45
  cacao 43
  café 28, 41, 61, 67, 87, 89
  caviar 90
  cocos 18
  col china 100
  dátiles 90
  especias 94
  frambuesas 69, 77
  girasoles 58
  granadas 92
  grosella negra 69
  jarabe de arce 13
  kiwi 115
  limas 19
  lino 13
  mejillones de labios verdes 115
  melocotones 30
  miel 71
  naranjas 28
  nueces 71
  okra 43
  patatas 27
  peras asiáticas 100
  piñas 18
  pistachos 92
  plátano macho 43
  rosas 73
  té 56, 89
  uva espina 69
  uvas 30, 58
  vainilla 47
  vino 30, 58
  yuca 45
pueblos
  aztecas 16
  califato omeya 88
  dandis del Congo 44
  dinastía safávida 90
  gauchos 31
  gladiadores 67, 70
  haida 12
  inuits 118, 119
  maoríes 114, 115
  masái 41
  mayas 16, 17, 18, 107
  nativos americanos 9, 14
  primer pueblo 12
  Primeras Naciones 110, 113
  pueblo navajo 14
  pueblo quechua 27
  pueblo yanomami 28

romanos 39, 67, 70, 86, 88
sami 54, 119
sherpas 96
tribu yoruba 42
tribus beduinas 89
vikingos 55
zulúes 46
puentes
  Gran Puente Danyang-Kunshan (China) 106
  más largos 106
  Puente 6 de Octubre (Egipto) 106
  puente de Carlos (República Checa) 68
  puente Golden Gate (Estados Unidos) 14, 107
  puente Macleay Valley (Australia) 106
  puente Øresund (Dinamarca/Suecia) 55
  puente Río-Niterói (Brasil) 106
  puente sobre el lago Pontchartrain (Estados Unidos) 106
  puente Vasco da Gama (Portugal) 106
Puerto Rico 19
Pula (Croacia) 70

QR

Q1 Tower (Costa de Oro, Australia) 106
recintos religiosos
  basílica de San Pedro (Roma) 107
  catedral de San Basilio (Moscú) 53
  catedral de cartón (Christchurch) 115
  iglesia de la Trinidad (Zhovka, Ucrania) 71
  iglesia de San Jorge (Etiopía) 41
  Jerusalén (Israel) 89
  mezquita del sultán Hazrat (Astaná) 84
  mezquita Faisal (Islamabad) 93
  mezquita Hassan II (Casablanca) 38
  mezquita Nasir-ol-Molk (Shiraz) 91
  monasterio de Horezu (Rumanía) 72
  monasterios de Meteora (Grecia) 74
  Sagrada Família (Barcelona) 107
  Santa Sofía (Estambul) 107
  templo de Oro de Dambulla (Sri Lanka) 95
regiones polares 109, 116-19
  clima 20
regiones subárticas 20
Reino Unido 56-7
República Dominicana 19
Rin, río 62, 63
Río de Janeiro (Brasil) 29, 48, 107
ríos 78-9
  Amazonas 24, 78-9
  Congo 44, 78
  Ganges 78, 82
  Indo 93
  Irawadi 97
  Misisipi 78-9
  Nilo 37, 40, 78-9
  Orinoco 78
  Rin 62, 63
  Yangtsé 78-9

Yeniséi 78-9
Zambeze 45
Roma (Italia) 67, 107
rosas 73
Rumanía 72-3
Rusia 52
  asiática 84-5
  europea 76-7
Ruta de la Seda 82, 92

S

salto Ángel (Venezuela) 26, 49
salto del Tugela (Sudáfrica) 49
San Antonio de Ureca (Guinea Ecuatorial) 21
San Francisco (Estados Unidos) 14, 107
São Paulo (Brasil) 25, 33
saunas 55
selva amazónica 24, 28, 48
selva tropical
  amazónica 24, 28, 48
  Congo 44
Seúl (Corea del Sur) 83
Shiraz (Irán) 91
Sicilia (Italia) 67
Sídney (Australia) 33, 113
siete nuevas maravillas del mundo 107
siete maravillas naturales 48
Siria 88
Slaibiya (Kuwait) 21
Snag (Yukón, Canadá) 21
Sofía (Bulgaria) 73
Sri Lanka 94, 95
Sudáfrica 46
Sudán 36
Sudeste Asiático 104-5
Suecia 52, 54-5
Suiza 53, 61
Sumatra 104
Superior, lago (Canadá/Estados Unidos) 79

T

Tailandia 104
Taiwán 99
Tallin 76
Tambora, volcán (Indonesia) 79
Tanzania 37
Tasmania (Australia) 110, 113
temperaturas 21
templos megalíticos (Malta) 106
templos, ver recintos religiosos
Tera, monte (Santorini, Grecia) 79
terremotos 102
Territorios Palestinos 89
tesoros
  adornos aztecas 16
  joyas 90
  objetos antiguos sirios 88
  oro bactriano 92
  piedras preciosas 95, 97
Tíbet 98

Tierra Santa 89
Timor Oriental 105
Tirat Tsvi (Israel) 21
Tiro (Líbano) 88
Titicaca, lago (Bolivia/Perú) 24
Tokio (Japón) 33, 102
Tonga 111
transporte
  canales 60, 62, 66
  escúteres 66
  góndolas 66
  teleférico 69
  trenes bala 103
  yipnis 105
Trinidad y Tobago 19
Túnez 38, 39
Turquía 86-7
Tutendo (Colombia) 21

U

Ucrania 71
Uluru (Australia) 107, 110

V

valle Calchaquí (Argentina) 30
valle de las Rosas (Bulgaria) 73
valle de los Monumentos (Estados Unidos) 10
valle del Loira (Francia) 58
Vancouver (Canadá) 12
Vanuatu 11
Venecia (Italia) 66
Venezuela 26
verduras, ver productos agrícolas
vestimenta
  abrigos inuits 119
  kilts y tartanes (Escocia) 56
  sami 54, 119
  sombreros bordados (Afganistán) 92
  yoruba 42
viajes espaciales 85
Victoria, lago (África) 79
vida salvaje
  águilas reales 84
  alpacas 31
  atún de aleta amarilla 41
  camaleón velado 91
  canguros 112
  cerdos nadadores 19
  demonios de Tasmania 113
  gorilas de montaña 44
  guacamayo escarlata 26
  hienas rayadas 38
  hipopótamos pigmeos 43
  jaguares 29
  jirafas 41
  kiwis 114
  kril 116
  lagarto verde 87
  lémures 47
  mariposas monarca 17
  mariposas morpho 28

marjor 93
marmota alpina 61
marsupiales 112
murciélago de herradura 72
ñus 37
orangutanes 105
osos pardos 12, 77
osos polares 118
pandas gigantes 98
pavos reales 94
pingüinos emperador 116
quetzales 18
ranas tomate 47
reservas de animales 37
tarántula azul cobalto 97
tigre siberiano 85
tití emperador 27
toco piquigualdo sureño 45
  ver también animales domesticados
Viena (Austria) 61
Vietnam 104
volcán Changbaishan (China) 79
volcán Paricutín (México) 48
volcanes
  Changbaishan (China) 79
  erupciones más potentes 79
  Etna (Italia) 67
  Eyjafjallajökull (Islandia) 54
  Kilauea (Hawái) 10
  Mauna Loa (Hawái) 10
  monte Fuji (Japón) 103
  Paricutín (México) 48
  Tambora (Indonesia) 79
  Tera (Santorini, Grecia) 79
  Vesuvio (Italia) 67

W

Waialaeale (Hawái) 21
Washington, D. C. (Estados Unidos) 15

YZ

Yangtsé, río 78-9
Yeniséi, río 78-9
Zambeze, río 45
Zambia 45
Zimbabue 45

AGRADECIMIENTOS

Dorling Kindersley agradece a las personas siguientes su asistencia en la preparación de este libro: Helen Garvey y Bhagyashree Nayak por su asistencia en el diseño; Emma Chafer, Jolyon Goddard, Katy Lennon y Kathleen Teece por su asistencia editorial; Ann Kay y Laura Gilbert por la revisión de los textos originales; Molly Lattin y Mohd Zishan por sus ilustraciones adicionales, y Rituraj Singh por la documentación iconográfica adicional.

Créditos de las imágenes:
Los editores agradecen a los siguientes su permiso para la publicación de sus fotografías:

(Clave: a: arriba; b: bajo/debajo; c: centro; d: derecha; e: extremo; i: izquierda; s: superior)

10 Dorling Kindersley: Claire Cordier (bd); Greg Ward / Rough Guides (cb). **11 Dorling Kindersley:** Ian Cummings / Rough Guides (cd); Rowan Greenwood (sc). **12 Corbis:** PCN (sc). **Dorling Kindersley:** Tim Draper / Rough Guides (cb); The University of Aberdeen (bi, sbi); Paul Whitfield / Rough Guides (cda). **13 Dorling Kindersley:** Tim Draper / Rough Guides (c). **14 Corbis:** Louie Psihoyos (ci). **Dorling Kindersley:** Martin Richardson / Rough Guides (si). **16 Corbis:** AS400 DB / Bettmann (cib); Mauricio Ramos / Aurora Photos (cia). **17 Corbis:** Juan Medina / Reuters (ecd). **Dorling Kindersley:** Demetrio Carrasco / Rough Guides (c); Thomas Marent (si). Dreamstime.com: Lunamarina (sc). **18 Dorling Kindersley:** Greg and Yvonne Dean (si); Tim Draper / Rough Guides (sc). **19 Alamy Images:** BlueOrangeStudio (sc). Corbis: EPA / Alejandro Ernesto (cda). **Shutterstock.com:** pansticks (sd). **20 Dorling Kindersley:** Rowan Greenwood (ci). **24 Dorling Kindersley:** Tim Draper / Rough Guides (cb); Thomas Marent (bi). **25 Corbis:** Hagenmuller / Jean-Francois / Hemis (b). **26 Alamy Images:** Maxime Dube (bc). **Corbis:** Philip Lee Harvey (sd). **27 Alamy Images:** Florian Kopp / imageBROKER (bi). **Dorling Kindersley:** Cotswold Wildlife Park & Gardens, Oxfordshire, Reino Unido (ecd); Hoa Luc (cd). **Dreamstime.com:** Yuliia Yurasova (si). **28 Corbis:** Corbis / David Selman (si); Robin Hanbury-Tenison / robertharding (sc). **Dorling Kindersley:** Natural History Museum, Londres (bc). **29 Alamy Stock Photo:** Celia Mannings (bi). **Corbis:** Tim Tadder (sc); Tim Kiusalaas / Masterfile (cd). **Fotolia:** Eric Isselee (sd). **Getty Images:** Grant Ordelheide / Aurora Open (bc). **30 Dorling Kindersley:** Tim Draper / Rough Guides (bc). **31 Alamy Images:** Image Gap (bi). **Corbis:** Christopher Pillitz / In Pictures (cd). **Dorling Kindersley:** Tim Draper / Rough Guides (bd). **33 Dorling Kindersley:** Tim Draper / Rough Guides (cd). **36 Dorling Kindersley:** Suzanne Porter / Rough Guides (b). **37 Dorling Kindersley:** Rowan Greenwood (sc); Alex Robinson / Rough Guides (cd). **Dreamstime.com:** Roman Murushkin / Romanvm (bd). **38 Alamy Stock Photo:** Reuters / Shereen Talaat (cib). **Dorling Kindersley:** Suzanne Porter / Rough Guides (c, ebi). **39 Alamy Images:** blickwinkel / Irlmeier (bc). **Corbis:** Kazuyoshi Nomachi (bi). **Dreamstime.com:** Gelia (sc). **40 Alamy Stock Photo:** Reuters (cib). **Dorling Kindersley:** Bolton Metro Museum (sd). **41 Alamy Images:** Andrew McConnell / robertharding (sc). **Alamy Stock Photo:** Reuters / Thomas Mukoya (cdb). **42 Alamy Images:** Images Of Africa / Gallo Images (bd); Paula Smith (bc). **Alamy Stock Photo:** Sipa USA / MCT / Shushunk Bengali (cd). **Dorling Kindersley:** Powell-Cotton Museum, Kent (cd); University of Pennsylvania

Museum of Archaeology and Anthropology (sd). **43 Alamy Images:** blickwinkel (bi). **Dorling Kindersley:** Barnabas Kindersley (cda), Roger Dixon (ca). **Dreamstime.com:** Wirestock (bd). **44 Alamy Stock Photo:** Frederic Reglain (ci). **Corbis:** Dr. Richard Roscoe / Visuals Unlimited (sc); Olivier Polet (bd). **45 Alamy Images:** Liam West (sd). Corbis: Paul Souders (bc). **46 Alamy Stock Photo:** UK Sports Pics Ltd (bd). **47 Alamy Images:** Zute Lightfoot (cda). **Corbis:** Foodfolio / the food passionates (bi). **48 Alamy Images:** Chad Ehlers (ci); Emmanuel Lattes (cdb); robertharding (bi). **Dorling Kindersley:** Greg Roden / Rough Guides (sd); Tim Draper / Rough Guides (cib). **Dreamstime.com:** Bin Zhou / Dropu (bd). **Fotolia:** Galyna Andrushko (bc). **PunchStock:** Digital Vision (db). **54 Corbis:** Dave G. Houser (sc). **Dreamstime.com:** Klikk (ci). **Getty Images / iStock:** Lena_Zajchikova (bd). **55 Dorling Kindersley:** Roger Norum / Rough Guides (sc); Helena Smith / Rough Guides (cd). **56 Corbis:** Iain Masterton / incamerastock (ci). **57 Alamy Stock Photo:** PA Images / Zak Hussein (sd). **58 Dorling Kindersley:** Angus Osborn / Rough Guides (cia). **Fotolia:** Zee (cib). **59 Depositphotos Inc:** karandaev (cda). **Dorling Kindersley:** Oficina de Turismo de París (c). **Dreamstime.com:** Madrabothair (sc). **60 Dorling Kindersley:** Greg Ward / Rough Guides (bi). **Dreamstime:** Alain Lacroix (cib); Travelpeter (bd). **Shutterstock.com:** Dutch_Photos (cda). **61 Alamy Images:** Realimage (bd). **Corbis:** Werner Dieterich / Westend61 (ci). **62 Alamy Images:** Hans P. Szyszka / Novarc Images (cia). **Dreamstime.com:** Markwaters (bc). **63 Corbis:** Jon Hicks (si). **65 Corbis:** Hugh Sitton (bc). **Dreamstime.com:** Netfalls (sd). **66 Corbis:** Rolf Bruderer / Blend Images (bd); The Gallery Collection (si). **Dorling Kindersley:** James McConnachie / Rough Guides (sd); Scootopia (ci). **67 Alamy Images:** amphotos (bc). **Dorling Kindersley:** Jon Cunningham / Rough Guides (c). **68 Dorling Kindersley:** Jon Cunningham / Rough Guides (c); Helena Smith / Rough Guides (ci). **69 Dorling Kindersley:** Barnabas Kindersley (cda). **70 Dorling Kindersley:** Tim Draper / Rough Guides (bi, bc); Eddie Gerald / Rough Guides (sd); Michelle Grant / Rough Guides (ecdb). **71 Alamy Images:** Viktor Onyshchenko (bi). **72 Dorling Kindersley:** Gregory Wrona / Rough Guides (si, sd). **75 Dorling Kindersley:** Chris Christoforou / Rough Guides (si); Michelle Grant / Rough Guides (bc). **76 Alamy Stock Photo:** Douglas Lander (db). **77 Alamy Stock Photo:** Lisovskaya Natalia / The Picture Pantry (bi). **Alamy Stock Photo:** Iain Masterton (si). **79 Dorling Kindersley:** Roger Norum / Rough Guides (sd). **82 Corbis:** Earl & Nazima Kowall (ci); George Steinmetz (sc); Jochen Schlenker / robertharding (bi). **83 Corbis:** Tuul & Bruno Morandi (sd); José Fusté Raga (cd). **Dorling Kindersley:** Tim Draper / Rough Guides (bd). **84 Alamy Images:** Nurlan Kalchinov (ci). **Corbis:** Gavin Hellier / JAI (bd); José Fusté Raga (sd). **85 Alamy Images:** NASA (s). **Corbis:** Robert Jean / Hemis (bi). **Dorling Kindersley:** Blackpool Zoo, Lancashire, Reino Unido (bd). **86 Dreamstime.com:** Alexandre Fagundes De Fagundes (sd). **90 Dorling Kindersley:** University of Pennsylvania Museum of Archaeology and Anthropology (ci, cb/toro, cb/pañuelo, bc). **91 Alamy Images:** ArkReligion.com / Art Directors & TRIP (cd); Dario Bajurin (bd). **92 Alamy Images:** Danita Delimont (cib); George Rutter (sd); Farhad Hashimi (cia). **93 Alamy Images:** Ali Mujtaba (ci). **Dreamstime.com:** Dragoneye (sd). **94 Corbis:** Philippe Lissac / Godong (ci). **Dorling Kindersley:** Dave Abram / Rough Guides (ca). **95 Alamy Stock Photo:** Everett Collection, Inc. (bc).

Dorling Kindersley: Archives du 7e Art / Ashutosh Gowariker Productions / Photos 12 (bi); Tim Draper / Rough Guides (si); Gavin Thomas / Rough Guides (ca); Natural History Museum, Londres (ecd/amatista). **96 Alamy Images:** Thornton Cohen (ecd). **Dorling Kindersley:** Tim Draper / Rough Guides (sc, eci). **97 Dorling Kindersley:** Liberty's Owl, Raptor and Reptile Centre, Hampshire, Reino Unido (bd). **Getty Images:** AFP (cd). **98 Alamy Stock Photo:** John Norman (db). **Dorling Kindersley:** Karen Trist / Rough Guides (c). **Fotolia:** Eric Isselee (bi). **National Geographic Creative:** O. Louis Mazzatenta (sd). **99 Corbis:** Peter Langer / Design Pics (si). **Dorling Kindersley:** Alan Hills / The Trustees of the British Museum (sd); Brice Minnigh / Rough Guides (ecdb). **Dreamstime.com:** Dušan Zidar (cd). **100 Getty Images / iStock:** narvikk (bc). **101 Dorling Kindersley:** Tim Draper / Rough Guides (sc, bd). **102 Alamy Images:** Thomas Frey / imageBROKER (bd); Horizon Images / Motion (ci). **Corbis:** Adam / photocuisine (si); Jeremy Woodhouse / Masterfile (sd). **Dorling Kindersley:** Durham University Oriental Museum (db). **103 Corbis:** Stefano Politi Markovina / JAI (bi). **Dreamstime.com:** Craig Hanson / Rssfhs (sc). **104 Dorling Kindersley:** Tim Draper / Rough Guides (esi, ecia). **105 Dorling Kindersley:** Simon Bracken / Rough Guides (sc); Museum of the Moving Image, Londres (bd). **106 Dorling Kindersley:** Sean Hunter Photography (ci). **107 Dorling Kindersley:** Simon Bracken / Rough Guides (cdb); Sarah Cummins / Rough Guides (ci); Suzanne Porter / Rough Guides (cib); Jean-Christophe Godet / Rough Guides (bc); Tim Draper / Rough Guides (bd). **111 Corbis:** Laurie Chamberlain (bd); Frans Lanting (sc); Pete Oxford / Minden Pictures (sd). **113 Alamy Stock Photo:** Penny Tweedie (cda). **Dorling Kindersley:** Sydney Opera House Trust / Jamie Marshall (cdb). Dreamstime.com: Callan Chesser / Ewanchesser (bd); Bin Zhou / Dropu (sd). **114 Corbis:** Steve Christo / Steve Christo Photography (cia). **Dorling Kindersley:** Pitt Rivers Museum, University of Oxford (sd). **115 Alamy Images:** travellinglight (si). Dorling Kindersley: Paul Whitfield / Rough Guides (ca, bi). **116 Dreamstime.com:** Staphy (cib). **Getty Images:** Frank Krahmer / Photographer's Choice RF (ebi). **Science Photo Library:** British Antarctic Survey (eci). **117 Alamy Images:** Classic Image (cd). **NASA:** U.S. Antarctic Search for Meteorites (ANSMET) (sd). **118 Dorling Kindersley:** The University of Aberdeen (si); Jerry Young (eci). **119 Alamy:** Chad Ehlers (sd). **Dorling Kindersley:** Roger Norum / Rough Guides (cd); Pitt Rivers Museum, University of Oxford (bd).

Resto de las imágenes © Dorling Kindersley